もっと輝きたい女性へ

LIVE MY OWN WAY

私らしく生きる19の方法

石原景子 岩澤あゆみ
裏門春菜 河本喜子
如月香未 北小路美紀
坂寄愛里 佐藤志穂
茂森才理 そらいなおみ
武田規公美 長尾永子
ぷうか 御園シュリ
michiko 南井政子
本田智見 八尾ちなみ Lita

Rashisa

もっと輝きたい女性へ

私らしく生きる
１９の方法

人生の参考書

まえがき

本書を手に取っていただきましてありがとうございます。

今、この本を手に取っていただいているあなたは、「もっと輝く女性になりたい」「誰にも縛られることなく自由に生きたい」「自分らしく生きるって何だろう?」そんな風に思われているかもしれません。

最近では女性の社会進出を後押ししたり、女性の働き方を見直す企業も増えていますが、まだまだ昔の日本の悪しき風習が残っているのも事実です。上司から「なんでこんなこともできないんだ!」と罵倒されたり、仕事が終わるのが遅くて家に帰宅するのが深夜だったり、業務内容や人間関係で精神的に追い詰められて身体と精神を壊してしまう人が後を絶ちません。「自分には何も才能がないのかな」と、自信をなくしてしまう人もいます。やりたいことやワクワクする夢があっても、つい「私には無理だ」と諦めてしまうのです。

また、女性はライフステージが目まぐるしく変わります。仕事やキャリアだけでなく、結婚、妊娠、出産。子育てが始まると、子どもが最優先になり自分のことは二の次になります。

本当は自分の好きなことをしたいし、やりたいことだってある。ファッションやメイクもこだわって、もっとオシャレをして、自分らしく自由に、自分の人生を生きたい。そう心のどこかでは思っているはず。でも「私には無理」と、自分の気持ちに気付かないように、感情に蓋を閉めしまうのです。

そんな状況から抜け出すためには、**まず「選択肢」を増やす**必要があります。例えば、働き方。正社員、契約社員、パート、フリーランス、経営者など、種類はいくつもあります。あなたにぴったりの、今とは別の働き方があることを知らなければ、ワクワクする夢や理想のライフスタイルを叶えるチャンスを逃してしまうかもしれません。パートで給料が毎月8万円なら8万円でできることしか考えられません。「一週間くらいハワイ旅行に行きたいけれど、お金も時間もないから夢のまた夢」。そんな風に諦めてしまい、そのうちには夢を思い描くことさえやめてしまいます。つまり、自分で自分の可能性を閉ざしてしまっているのです。

人生は泣いても笑っても一度きりです。まずは自分と向き合って、自分を信じてあげることから始めましょう。「私ならできる！絶対に大丈夫」と自分を信じることで可能性は無限に広がります。

「いつまでも輝いている女性でいたい」「こんなライフスタイルを送ってみたい」「好きなことを仕事にしてみたい」と、ワクワクする夢が出てくるはずです。そんなときにたくさんの「選択肢」を知っていれば、夢を叶えるスピードも早くなります。

どんな手段を使えばゴールまで到達できるかが分かると、スムーズに進むことができるのです。

本書では、自分らしく人生を生きる全国の女性起業家から１９名を選考し、著者として執筆いただいています。どんなキッカケで起業したのか、立ちはだかる困難や苦悩をどのように考え乗り越えてきたのか、好きなことで売上を上げ続けるためには何が必要なのかなどを具体的に書いていただいています。

１９通りの生き方・考え方・働き方・人生ストーリーの中には、今のあなたと同じような人生を歩んできた女性起業家がいるかもしれません。あなたが憧れる理想の生き方をしている女性が見つかるかもしれません。

もし、そんな人を本書の中で見つけたら、勇気を出して直接連絡してみてください。本を読むだけでは人生は変わりません。**どんな一歩を踏み出すかが大切**です。小さな一歩で構いません。行動してみてください。

本書は、余白を多くとってあります。読み進める中で感じ取ったことを自由に書き込むメモ欄として使っていただきたいからです。気になった言葉にマークアップしたり、折り目をつけたりして、あなただけの本を作ってみましょう。ワークのページは、あなたの人生設計を深堀りするために活用してください。

本書を読み終える頃には、どんな人生を生きて、どんな女性になりたいか、以前よりも鮮明に見えてくるはずです。あなたの人生は、あなた次第で必ず輝きます。「新しいあなた」にお会いできることを楽しみにしています。

Ｒａｓｈｉｓａ出版（ラシサ出版）編集部

p 7

―目次―

自分の参考になる輝く女性を見つける

１７年勤めた銀行から独立
子育てをしながら好きなことを「全部」仕事に！

マネー life コーチ
石原 景子

Profile

happy マネースクール 代表
サロン「IXCHEL」代表

銀行員時代に１万人以上のお客様にマネーアドバイスをする中で「お金だけでは幸せになれない」と気付き１７年間勤めた銀行を退職。心も身体も癒せる場所を提供して豊かな人を増やしたいという想いからカウンセラーとセラピストの知識を習得し、マネー life コーチとして起業。一児の母でありながら自宅サロンや起業塾も展開し、子育てと両立しながら好きなことを全部仕事にしている。

message

豊かさはお金だけではなく
心の在り方で決まる

自分軸は一つ。手段は複数。

お金だけでは幸せになれない

私は元銀行員で17年間勤務していました。銀行員時代は、預金、融資、決済業務など幅広く携わり、お客様からも信頼を得て、女性最年少で役職につきキャリアを積みました。延べ1万人以上のお客様のlifeに関わりマネーアドバイスしてきた経験の中で、お金だけでは幸せになれないと痛感しました。

「心や身体も癒せる場所を提供したい」「毎日笑顔で幸せだと感じられる豊かな人を増やしたい」と思い2017年に銀行を退職し、カウンセラーとセラピストの学びを深めました。

２０１９年から心とお金を育むマネーｌｉｆｅコーチとして活動を開始。「お金に愛される人生」をデザインし提供しています。エネルギー調整と健康美を創るセラピストとしての役割と、やりたいことを形にして夢を叶えるマネースクールや起業塾も展開し、「自立した輝く女性を増やす」をモットーに幅広く活動しています。趣味は旅行、神社参拝とパワースポット巡り。一児の母。

お金・美・健康が輝く女性を作る

私は、自分の好きなことを仕事にしています。好奇心が旺盛かつ行動力もあり、やりたいことをどんどん形にしていると、気づけばいくつも肩書きを持って様々なサポートをしていました。

ただ、私の中で軸は一つ。それは、「**豊かな人生にするサポート**」です。

お金は、全ての人に関わってくるものであり、最も悩みが多い分野です。だからこそ、上手く付き合ってほしいという思いがあります。

私はただ知識や情報を提供するだけでなく、**クライアントさんがしっかりとお金と向き合い、マインドや体質から変わる**ことに重きをおいています。

会社員、主婦、起業家が持つお金の悩みや不安を解消し、お金を稼ぐ・貯める・使う・増やす・守る・活かす手法をバランス良く身につけることで自然とお金の良い循環を起こすことができるよう、オーダーメイドの個別コンサルティングをメインに、必要に応じて資産形成のアドバイスや個人事業主・法人の経営と集客のサポートもしています。

美容&健康に関しては、美しくなることはとてもワクワクするので私の大好きな仕事です。健康で美しい自分に変わりたい人、美体質になり人生を輝かせたい人のために、ＢＢラボ（Brilliant Beauty Lob）を立ち上げました。

本物の美しさは、心が豊かで、身体の中からキレイであること、外見も美しくキレイであること、そして自分が大好きで自分に自信が持てること。

そのような女性として輝く人を増やすべく、私は内面からの美（食とメンタル）を担当し、専門の講師陣と連携を組んだ体制で楽しみながら心と身体の健康美を創る環境を提供しています。

起業家向けの活動としては、パワフルでポジティブになりたい女性向けの無料オンラインサロンや、起業初期の方向けの起業塾を、ビジネスパートナーと一緒に運営しています。

また、この時代にあった事業といえるECコンサルタントとしての活動にも力を入れています。コロナで当たり前が当たり前でなくなり、どの業種も非対面事業への切り替えを促されています。今後さらにEC化の経営が必須となっていく中、ネットビジネス事業の展開や認知度アップへの取り組みなど、業績の向上にかかる提案やお手伝いをしています。

新しいご縁が広がることも楽しく、またお互いの事業を応援しあい各々が高めていけるような仲間やチームの構築と仕組みづくりをして、自分一人だけでなくチーム全体で、大きな夢に向かって共に進めることに誇りを感じています。

一つの視点は「豊かさ」を遠ざける

自宅サロンでは、脳のデトックスとも言われている「アクセスバーズ」という施術を主にしています。

　これは頭部にあるポイントを手に触れることで脳に溜まっているエナジーを解放し、思考をクリアにできるリラクゼーション法です。脳のデトックスは、ただ思考や感情が整理できるだけでなく、制限を取っ払い新しい選択ができるようになり、自分らしい人生へと転換していけるのでおすすめです。その他、カウンセリングやオラクルカードセッション、ボディーのクリアリングなどで、方向性のアドバイスと癒しを与え、氣を整えています。

　また、以前から関心があった教育分野についても昨年ご縁をいただき、現在、新規の教育プロジェクトの立ち上げに関わらせていただいていて、今後は講師としても活動していく予定です。

　ご察しの通り、私はひとつの分野ですごく秀でた才能はありませんが、いろんな視点からみてバランス良く整えて豊かさを提供できることが私の魅力でありかつ役割だと考えています。**本物の幸せや豊かさを得るためには、ひとつの表面的な課題を解消するだけでは根本からの改善にはなりません。**

　すべて繋がっているからこそ、心と身体の健康と美、そして人間関係やお金などバランスよくアプローチすることが必要と確信していて、その人にあった形で多角面から関わり経済的・精神的な自立や自分らしく美しく輝く人生へのトータルサポートをしていきたいと思っています。

勤続17年ベテラン銀行員からの起業

ベテラン銀行員が感じたジレンマ

今は多方面で活動している私ですが、元々は銀行員一筋で17年も勤務したベテランです。起業するまでには長い道のりがありました。

銀行員時代、多くのお客様と信頼関係を築き、お金のアドバイスや金融商品を提案して喜んでいただき、感謝の言葉や笑顔に触れる瞬間にとてもやり甲斐を感じていました。

一方で、企業から与えられた仕組みの中で与えられた商品を販売するだけでは柔軟性がなく、お客様のニーズを満たすことができないと行き詰まりを感じていました。

次第に「自分ができることで、本当に心から喜ばれるものを提供したい」という想いを抱き、お客様にとって必要な知識、知って得する情報を伝え支えるサービスを構築したい！と思うようになりました。また、昔からマッサージが得意だったことから、ストレスを抱えているお疲れの方が多い現代、癒しに関わる仕事にも関心を持ち始めました。（後に、カウンセラーとセラピストの資格をとることになります。）

「お金」からの気づき

銀行には本当に多岐に渡る人生模様があります。

お金がなくて生活もままならない方、お金持ちでも孤独で幸せでない方、お金の不満と不安ばかりの方、お金に振り回されている方、お金に無頓着すぎる方など…。

様々なお客様の人生に関わり、お金が絡む人間関係や、お金にまつわるトラブルを目の当たりにし、「**お金だけでは得られない幸せや、お金に振り回されない豊かな心を得るにはどうすればいいのだろう…？**」と考えるようになりました。

そして、単にお金の知識や投資センスがあればいいというものではなく、やはり「**心のあり方＝人間性が大事**」だと気づきます。

心とお金は繋がっていて、より充実した豊かな人生にするには経済的な問題と精神的な問題の両面から解決する必要があると感じたのです。

「物質的なお金の問題だけを切り離して考えるのではなく、自分と向き合うのと同じく、自分の中のお金と向きあい、心の豊かさも一緒に育めるファイナンシャルプランナーとしてやってみよう！」

そう思い立ち、マネーのお茶会を開催したのが、私自身が自立してスタートさせた第一歩でした。

引き続き心や身体、魂、エネルギーや氣について、様々な知識を入れて体感して学んでいると、ひとつの真理が見えてきました。

点と点がつながって線となり、面が出来上がっていったのです。

自分が起業家として結果を出せたことも含めて、自分が伝えたいことを具現化し、誰かの夢を叶えるために人生のトータルサポートがしたいという想いで今に至っています。

姉に劣等感を抱いた過去の自分

父、母、５歳上の姉と私の４人家族。小さい頃は絵を描くのが好きでしたが、家で一人で読書をするのが好きな姉とは正反対で、近所の男の子たちと外で走り回って遊んでばかりのヤンチャな女の子でした。特に大きなトラブルもなく平凡な家庭でごく平凡に、自然あふれる田舎でのびのびと育ちました。

一方で、ＩＱが高くいわゆる頭のいい姉の存在が大きくなっていきます。

両親に愛情をたっぷり注がれているものの、私の生まれる前の姉が父母を独り占めしていた５年の月日の思い出も羨ましく、母からは「お姉ちゃんと一緒のようにしていてはダメ。あなたは努力しなさい。」と何度も言われ、私よりお姉ちゃんの方が愛されているんじゃないかと思うなど、大きくなるにつれて姉を比べ、いつしか強い劣等感を感じるようになりました。そして、高校生のとき、心に深い傷を負う出来事があり、その傷を１０年間ほど引きずった苦い経験をしましたが、それ以来、人とはあまり深く関わらないというスタンスで生きるようになっていました。

特に何かをやり遂げたわけでもないのに、二十歳の頃には、「もう人生にやり残したことはない」と思えて、いつ死んでも悔いはないと思えるなど、どこか冷めているところもありました。

高校のときのこの経験が私の人生の価値観を変えたのは事実で、マイナス面だけでなくプラス面でも得られた気づきも大きく、心理学に興味を持つきっかけとなったのと、私自身のメンタルが強くなり、今ではとても貴重な経験だったと感謝しています。

あともうひとつ。大学生のとき、物事の真理をついた気づきがありました。

私は大学受験に失敗し、第一志望で学びたかった分野を諦めての大学生活が始まったのですが、最初は思い通りにならなかったことに自分を責め落胆していました。

でも、いろいろな経験をしていく中で、「第一志望の大学を落ちてこの大学に入ったのは私にとって良かったのかもしれない」「もしかしたら全ては私にとって良いことに物事が動くのかもしれない」となんとなく感じとった時がありました。私はいつもご先祖様に守られていると心底から信じていた影響もあったのでしょう。以後の人生も「自分は出来の悪いヤツだ」という劣等感と「どんなときでも私は大丈夫！」と思う根拠のない自信が入り混じった日々を過ごすことになります。

自分と約束した10年

銀行に入行してからは早く一人前になりたいという一心で業務に励み、与えられたことは自分にとってベストなことだと解釈してどんなことも真面目に取り組みました。

結果、仕事ぶりを認めてもらい、かなり高い評価をいただいて、活躍が金融新聞に掲載される、インストラクターに選ばれるなど注目を浴び、様々な部署からオファーがきた時期もありました。

さかのぼると、入行当初に１０年間は働くと決め、理由としては、銀行員だったと言えて一人前の社会人として恥ずかしくない経験年数が１０年だと感じたから、そしてお金を１０００万円貯めたかったからです。

途中で仕事を辞めたいと思うようなしんどい時期も多々あったものの、心から辞めようと思ったことは一度もありませんでした。当初「実務経験」と「貯蓄」が目的だったのが、結果的には銀行の仕事を通して、コミュニケーション能力などが身につき、人との関わり方に対しても、私に自信をつけさせてくれたのです。

銀行員時代は、金融のスキルを培っただけでなく人間力を養えた大変尊い17年で、私の宝物になりました。

自分との約束の10年が経った時に、自分の中で「このままでいいのか？一生仕事を続けるのか？」の問いかけを始めました。安定した職と収入、今後も期待できるポジションを捨てて、新しいことに挑戦するのか…。

あとになってみれば、最初から次の人生のステップアップのための経験や資金作りの10年だと潜在的に決めていたのだろうと思います。

2500万円の貯金がゼロになっても信念を貫いた

10年目以降は、仕事は順調でやりがいも感じている上、お金も稼げて貯金もどんどんたまっていく。

旅行が好きで海外へは20か国ほど訪れ、マンションも車も所有し、週末はエステやゴルフを楽しむ。欲しいものは買い、毎日のようにおいしい食事やお酒をご馳走になる。

そのような生活をしているうちに、手に入れたいものがなくなってしまい日々の感動が薄れていきました。

そして、自分はすごく幸せだと思うのになんだか満たされない気持ち。常に何か楽しいことを求め、幸せやワクワクすることを探している自分がいるのを感じていました。

そのような充足感のない毎日の中で、起業がしたいという思いが大きくなっていき、ちょうど起業準備に取り掛かろうとしたとき、妊娠していることがわかり、結婚、出産。

起業は一旦保留になりましたが、娘が生まれてきてくれたことで、私の生きることの意味や重み、粗末にしがちだった自分の命の大切さを感じることができ、自分の存在価値をくれた娘には感謝しかありません。

それから、「正しい育児って何？」に直面した育児休暇中に、私の人生に影響を与えるメンターと出会うことになります。一人の女性として経営者として憧れの存在であった彼女から3年間「心の教養」について学び、心と身体、お金、自分を取り巻く事象はすべて繋がっていると体感・理解できると、自分のやりたいことが明確になっていきました。

学ぶことが楽しくて、内面も外面も美しい女性を育てるカウンセラー＆セラピストの資格や食に関する学びも深め、並行して起業塾などに通いインプットし続け、自立して事業をスタートさせるまでの自己投資金額は１０００万円以上。

学びは尽きることなく、退職して2年も経つと、2500万円あったはずの貯金もゼロになり、一気にドン底に落ちてしまいます。

実績もお金もゼロになり、今までにない不安と重圧を感じる日々。

本当に自分に結果を出せるのかと出口のない迷路の中を彷徨っている気分でした。

さらに、結果を出している周りの人たちが輝いていて羨ましく、自分の能力の無さに愕然として自信もなくし、常に誰かと比較しては劣等感を感じて落ち込んでいました。

ただ、起業の道を選んだことへの後悔はなく、戻りたいと思ったことは一度もなかったことと、いつか絶対に上手くいくという根拠のない自信がどこかにあるのを支えに、不安を抱えながらも夢を諦めることなく、やり続けることを選択していました。

特に何の才能もない劣等感のある平凡な私にでも経験だけで起業でき、自分の信念を貫くことで道が開けたのです。

誰もが夢を諦めることなく挑戦してほしい、やりたいことをする人生がこんなにも楽しく充実しているということをみんなに知ってほしい。そのような経緯と想いで、今、女性の自立支援や夢を叶えるサポートをしています。

輝く女性になるための心得

大切にしたい5つの心得

人生において私が大切にしていることがいくつかあります。まずは、**どんなときも感謝すること**。自分だけでできることなんて一つもありませんから。

支えてくれている家族やビジネスパートナー、クライアントさん、周りの人達、あとご先祖様と日々頑張っている自分自身にも。

自分が健康でこうして生かされていることも当たり前ではないのですから、日常の今ある環境全てに感謝する心を忘れないようにしています。

次に、**ご縁を大切にすること**。様々な形で人と出会い、新しいご縁がある中、出会いは必然と捉え、出会えたことや関われたことに感謝するとともに、そのご縁を大切にしています。また人と人を繋ぐこと、人とモノやサービスを繋ぐことなど、周りの方がより良くなるご縁繋ぎも積極的にしています。


そして、**行動すること**です。とにかくできるだけ動くこと。

行動しないと何も変わらない。やるかやらないかで迷うなら､必ず「やる」を選択します。

行動するときには、何事においても自分の感覚を大切にしていて、「あ、いいな！」と感じたことや逆に何かモヤモヤするなど直感や瞬時に感じる感情などに従って行動に起こすことを心がけています。

時間が経つと思考が働き迷うので、できるだけ最初の感覚を大事に早く決断を出します。

まず動いてから考えるスタンスでいます。

あとは、**常にポジティブ思考でいること**。

いつからか、物事はどうにかなるという考えが身についていた私は、できないと思わずまずやってみる。

できるにはどうすればいいかを考えるようにしています。

実際にやってみて結果的に上手くいかないことがあっても、それも経験で、自分のために起こっていることだと受け止めています。ですから日常の中でも、もしあまり良くないことがあったとしても、感情的や悲観的になることはなく常にポジティブに過ごしています。また、**成長のために人間力を磨くこと**も意識しています。

コミュニケーションスキルを向上させる学びや、感性を高める体験などをして、人として魅力あるように成長させること。謙虚さを忘れないこと。

最後に、私の人生のゴールとして**世に貢献できる人になる**というのがあります。そのために、まずは自分が常に満たされていることが条件で、日々幸せを感じながら過ごすようにしています。

小さなことでも「使命」を見つけてみる

私にとって仕事は人生そのもの。仕事がないと生きる意味を失ってしまいそうなくらい大切で好きなことです。

自分のできることが誰かのためになり何かのお役に立てることにやりがいを感じますし、仕事をすることは社会に対しての貢献だと思っています。

私の中の仕事は**愛であり、誠実であることと丁寧にすること**がモットー。

最善を尽くし、クライアントさんが求めていることはもちろん、それ以上の潜在的ニーズを引き出して一緒に未来を描き、より幸せな人生になるよう寄り添うことを意識しています。

目の前の人とその人の人生が変化していくドラマを見させてもらえることが一番嬉しく、出会えて良かった、人生が豊かになったと笑顔で言ってもらえる結果を出すのが私の役割だと思っています。

仕事は自分自身を成長させてくれるので、現状に留まることなく新しいことにもどんどん挑戦しています。

有難いことに一緒に仕事をやらないかというお声などをたくさんいただけるので、一人ではできないことでも、ビジネスパートナーと力を合わせて実践したり、仲間と共に最良で最強のものを生み出すことで、より多くの人に喜んでもらえるサービスの提供や社会貢献に取り組んでいきたいと思っています。

選択肢と可能性は無限大

いつも私が周りに伝えていることは、「**全ては自分次第**」であり、自分の選択次第だということ。自分の欲しい未来は自分で創れて、誰もが理想の人生を送ることができるということです。

人は今あるものには気づかず、ないものにフォーカスを当ててしまい、苦しみます。

幸せは誰かが運んできてくれるものではなく、幸せはすでに自分の中にあるものです。

お金はエネルギーであり、夢を叶えるためのただの道具に過ぎません。**豊かさはお金だけで得られるものではなく、豊かさは心の在り方で実ります**。

今まで幸せに気づく機会がなかった、豊かになる選択をしてこなかっただけです。

誰でもいつからでも変わることができます。**自分が幸せになる、豊かになると決める**だけなのです。ただその選択をするだけで、理想の未来に人生の舵がきられます。

全ては自分次第。自分で未来を想像し創造できるとしたら？ワクワクしませんか？

一度きりの人生、やりたいことをやって楽しまないと！ 我慢ばかりや妥協した人生なんて勿体なさすぎます。

自分の人生をどうしたいか、不平不満や愚痴だけで終わっていく人生でいいのか、自分のやりたいことをやって悔いのない人生にするのか。

私がやるかやらないかに迷ったら必ず「やる」を選択しているのは、何年かして、あの時やっていたらよかったなぁとやらなかったことに後悔するより、やってみたけどダメだったと後悔した方がいいと思うからです。

人生の最期に、もっといろんなことをやっておけばよかったと後悔があれば非常に残念ですよね。

挑戦したことは、たとえ自分が思うほどの良い結果じゃなかったとしても、何かしらの気づきあるだろうし、体験したことはすべて自分の宝物として残ります。

それは失敗ではなく、ただの経験に過ぎません。必ず自分のために必要だったことであり、その後の人生に生かされることなのです。

そう、誰もが幸せになるために生きています。

どうせ私なんてと自己否定することや自分を邪険に扱うことを今すぐやめ、自分の大好きなことや心が躍ることに意識を向けて過ごし、心も身体も健康で美しくいることに注力してみましょう。

自分に制限をかけずに自由な選択をしていくと、軽やかな人生へと変化していきます。

選択肢はいつも無限にあり、自分の可能性も無限大だということを忘れないでいてほしいです。

さぁ！今から、自分らしく美しく輝く、豊かさ溢れる人生を歩んでくださいね。

石原景子さんの
メルマガはコチラ

明治２０年創業の呉服屋５代目社長
「糸」を紡ぐように「想い」を繋ぐ

呉服屋
岩澤 あゆみ

Profile

くまじ株式会社　代表取締役

明治２０年創業の呉服屋「くまじ株式会社」を営む両親のもと誕生し、跡取りとして育てられたが継ぐ覚悟を持つために突然のニューヨーク留学。そして家族と愛犬の死から家業を継ぐ決意をかためる。呉服屋から始まった家業は両親の代でアパレル・下着販売をスタート。父親からの助言で下着について学ぶ。現在は５代目として、茅ヶ崎で呉服・洋服・下着のお店３店舗とウェブ支店を営んでいる。

message

自分の人生は他でもない
あなた自身のもの

跡取りとしてのレールを敷かれた人生

創業134年の老舗呉服屋

私は、茅ヶ崎で創業して今年で１３４年を迎える老舗呉服屋「くまじ株式会社」の代表取締役です。呉服・婦人服・インポート下着を販売する本店「くまじ」、駅ビル「ラスカ茅ヶ崎」のアパレルセレクトショップ「KUMAJI」、国産下着を扱う「ワコールガーデン」の3店舗を経営。２０２１年春からはオンラインショップも開店します。日々店頭に立ちながら仕入れや経理なども行う、プレイヤー兼マネージャーです。

「ストーリーのある商品」「いいものを　いつまでも」「お客様一人ひとりの人生に彩りを添えるお手伝いを真心込めて」をモットーに、一人でも多くのお客様に喜んでいただけるよう日々努めています。

「さあ、明日の装いは　くまじでどうぞ」の気持ちで今日もお店を営業しています。

継がせてください！？

私の名前は「あゆみ」。両親がつけてくれました。

昔、我が家にはまだ車がなく、真夜中に破水した母を父が抱えてゆっくりと歩きながら病院に向かったそうです。

その夜は雨が降っていました。傘をさしながら、母を抱えて歩く父。

そのとき、こうしてゆっくりでも1歩1歩しっかりと歩んでいく子であるようにと「あゆみ」と名付けたそうです。

明治２０年から茅ヶ崎で呉服や婦人服の小売業を営んできた家の長女として産まれました。男児が産まれようが最初に産まれた子どもが跡を継ぐという祖父の考えのもと、跡取りとして育てられてきました。

好きなことをしなさいと自由に育てられた妹とは違い、まるで男の子のように厳しく育てられたものです。

幼いながらもレールの敷かれている人生に疑問を持ち、弁護士になりたいなとか、お医者さんになりたいなとか夢は持っていましたが、家族には全く相手にされませんでした。

大学だけでも法律を学びたいと法学部に進みましたが、将来のことを考えたとき、嫌がる前にまずは業界を経験してみようと、大手アパレルメーカーに就職。

そんなときに母から言われた言葉が「**継がせてくださいと言えるようになるまでは継がせない**」でした。

私と同じ跡取り娘という立場だった母もまた、かつて祖父にそのように言われたようです。

おまえは跡取りだからなと祖父に懇々と言われながらも、絶対にその道に行かねばならぬのか・・・と葛藤があった中での衝撃的な言葉。

おいおい、ちょっと待ってくれよと本気で思いました。

跡取りとして腹をくくる

「このままではだめだ。覚悟を持てるようにならなくちゃ」と、突如ニューヨークへの留学を決断。

父にだけ相談し、母には成田空港から電話で、今から1年アメリカに行ってきますと伝えました。母はきっと驚きを通り越して呆れていたことでしょう。

ニューヨークではアパレルデザイナーのインターンとして実に忙しい毎日を送りました。(日本ではインターンビザを取り、現地に行ってから自分でインターン先を見つけ出しました)。

たまに日本に電話をすると、代わる代わる父、母、祖父母から妹まで全員が電話に出てきます。

アメリカで一人戦う私と、電話の向こうにいるいつもの温かい家族。跡を取らないということは、この家族をがっかりさせ、裏切ることになる。

家族を捨てることはできないなと、異国の地に来たことで腹をくくれました。

ありがたいことにインターンをしていた会社がビジネスビザのスポンサーになってくださることになったので、あと3年はニューヨークで頑張ってから家を継ごうと思っていた矢先、父が急性心不全で倒れたと一報が入ります。

いつも私の考えを尊重してくれた一番の理解者であった父から「早く帰ってきてほしい」という言葉。迷うことなく即帰国しました。

まだまだ学び足りない気持でしたが、帰国の半年後に9・11同時多発テロが発生。私が働いていた場所はあの9・11が起きたツインタワーのすぐ近くだったため、まさに継ぐのはこのときだったのだとあとから思ったものです。

待っていた介護と闘病生活

いざ帰国してみると、父の病気もさることながら、バリバリと元気に働き、ある意味一家の柱だった祖母が認知症になっていました。

そこからは自宅で母と二人で祖母の介護を行いながら、お店を営む日々。祖母は介護度5のパーキンソン病にもかかり、本当に大変な介護生活でしたが、約10年にわたりお世話をさせてもらうことができました。

祖母が他界した翌月からは、すでに10年透析していた父が心臓病と大腸ガンにより入院。息つく間もなく、今度は3年にわたる父の闘病生活が始まります。

毎日半日お店に出たあと、母や妹の代わりに私が欠かすことなく毎日病院に通いました。先生や看護師さんたちのご理解もあり、私はいつも病院の裏口から帰るほど、夜遅くまで父のそばにいて体を拭いたりオムツを変えたり、リハビリを一緒にしたりアロママッサージや手当て療法をしたりしました。「意識がないからすぐに来るように」という電話を病院から一体何度受けたことでしょう。何度も心臓が止まってはまた復活する父のすごさを近くで見ながら、私自身が少しずつ強くなっていったのだと思います。

強くなれたのは「父」のおかげ

東日本大震災の日だけお見舞いに行けなかったものの、私と父の闘病生活の３年間は私の人生を大きく変えました。

何よりも**自分の人生に起きるどんなに大変なことも受け入れ、毎日を一生懸命に生きる。そして人にやさしく**ということを教えてもらいました。

彼のいない人生を想像できないくらい父親っ子だった私ですが、亡くなる２か月ほど前に意識がなくなったときから、「父ならこう考えるはずだ」「父ならこう言うだろうな」と考えられるようになりました。

きっと、父は私がこのタイミングを迎えるまで必死に生きてくれたのだろうと思います。「もう大丈夫。自分がいなくなっても、この子はやっていける。」きっとそう思ったのでしょう。

それからというもの、仕事で迷っても、「父ならこうするな」と考えられる自分があることで、勇気をもって一歩一歩前に進むことができています。

父が亡くなって５０日後、３代目であった祖父も他界。一気に自分が会社と家族を背負うことになりました。祖父や父も地域での活動を積極的に行っていたため、すぐに青年会議所やロータリークラブにも入会し、地元商工会議所や法人会、商店会連合会など様々な組織でお役目を頂き、お店との両立に励んでいます。

家族の「死」から学んだ尊い教え

4つの死から学んだ「生きる」ということ

私の人生でのターニングポイントは、「介護や看病の経験」と「家族を看取ったこと」です。

とてもありがたいことに、私は家族3人プラス愛犬をこの腕の中で看取ることができました。

最初に私が人生で体験した「死」は祖母の死。

長年にわたりこの会社や家族のために一生懸命に働き、長い介護生活でも実に穏やかな毎日を送っていた祖母は、親戚も含め家族全員に看取られ旅立ちました。

「死」というものに漠然と怖さを感じていた私にとって、それはそれは美しい死。

家族からも涙と共に思わず感嘆の声すら上がるほど静かで凜とした最期でした。

それから3年後には父、そして祖父の死。

父はものすごく辛い闘病生活の中でも一言も辛いとは言いませんでした。

私がこれから一人で背負っていく覚悟ができるまで、自分の命をかけて私に試練を与え、最期まで役目を全うし、「生ききる」ということを教えてくれました。

祖父は終戦後シベリアに6年も捕虜として捕えられていた人ですから、死に関しては誰よりも特別に考えていたと思います。

亡くなる前日、訪問入浴サービスを受け、叔母に爪を切ってもらい、夜には私と母に全身にクリームを塗ってもらい、朝にはトイレに行き、紅茶を一口飲んで、しっかり身の回りを整え、行ってきますと言わんばかりにすっと亡くなりました。

父が亡くなる頃、私の愛犬も父とシンクロするように具合が悪く、どちらが先に亡くなってしまうのかという状態でした。

しかし、父が病院で亡くなり、自宅に霊柩車で連れて帰ったとき、愛犬が玄関まで走ってきたのです。昨日まで腰も立たずに後ろ足を引きずって歩いていたのに。

おそらく、父がこの子の痛みを持って逝ってくれ、そのかわりに「残された母をよろしくな」と役目を与えたのだと思います。

7回忌まではこの子は元気だろう、そう直感しました。7回忌の年。すでに18歳になっていた愛犬は、いつもお経をあげている私が最後のお題目を唱えた瞬間にしっぽをパタパタとさせ、私の隣にいた母の腕の中で静かに亡くなりました。しっかりと父との約束を守ったのだと思うと、ありがとうという気持ちでいっぱいでした。

人生で最も尊い時間

それぞれの死を目の当たりにし、教わったのは、「**死に様は生き様**」ということ。「**今を生きる**」ということ。そして、「**人にはお役目があって、それを果たすためにしっかりと自分の人生を歩まねばならぬ**」ということ。

父の葬儀のとき、私の看病の日々を見ていた親戚たちから「大変だったね、辛かったよね」と声をかけられました。

でも、私はものすごく悲しかったけれど、一方で心は本当にすがすがしかったのです。役目を果たし、最期まで生ききった父が誇らしかったし、お世話をさせていただいた時間は、大変さなんかより幸せのほうがよっぽど勝っていたからです。

この看病や介護の約１３年間、嬉しいも悲しいも、不安も、いろいろな感情が織り交ざりながらも経験できた時間は、間違いなく私の人生を変え、私の人生の中でも最も尊い時間であったと断言できます。

今でも迷ったり苦しかったり辛かったりすると、父や祖父母に会いたいな、声を聞きたいなと思います。でも同時に、彼らはいつも私のそばにいるとも思っています。

彼らの死を通して、私は心が強くなりました。父や祖父はいつも私の中にいる！

そんな風に感じながら、「今」を生きています。

家業を継ぐ女性の生き様

地域とともに生きる

私の会社は創業から130余年間、初代から父に至るまで地域の様々な活動を積極的に行ってきました。父は、**会社や生業というのは自分たちのためにやるのではなく、頂いた利益は地域発展に尽力することでお返しをしていくもの**だと言っていました。

当然私にもそのDNAは流れており、父たちを看取った後、まずは祖父が50年会員だったロータリークラブへ、そして青年会議所に入会。

４０歳までという決まりのある青年会議所に私が入会したのは、すでに３６歳を迎えてからでした。残り４年もないような期間でしたが、様々な方の応援があり、私は卒業の年に理事長をさせて頂きました。５０年を超える歴史ある組織で、これまでに女性で理事長を務めた人はいません。また、青年会議所を卒業して2年後には、祖父も愛していたロータリークラブでこれまた最初の女性会長を務めさせて頂きました。

悔し涙が次に進むバネになる

私にとって、様々な組織やフィールドで頑張るのは、自分が常に成長を続け、少しでも大切な家族たち、そして地域や周囲の人たちに貢献できる人間になるためです。男性女性関係なく、人として人様のために頑張り、努力するものだと思っています。

しかしながら、世の中はそんなに単純ではありません。

父が心不全で倒れ、透析生活が始まったとき、私はまだ26歳。会社の代表を代理していましたが、何度悔し涙を流したことでしょう。名札は用意されない、女性は帰りなさい、若いんだから帰りなさい、なんて日常茶飯事。ただ黙って座っているだけでも、わざわざそんな言葉を投げかけに来る人たちがいるのです。

私が何をしたというのだろう。父に報告するためにその会議の場に座っているだけなのに。女性として長の役を仰せつかった1年間でも、「女性なのに会長なの?」「女性を会長にするなんてこの団体は大丈夫か」と言われたのは1度や2度ではありません。外野だけならともかく、組織内でもそれを心よく思わない男性もまだまだ多かったのです。

少しでも感情的になろうものなら、「ほら女性はすぐこれだから」と言われるので、結論から話そうとか感情的にならないようにしようとか常に冷静沈着でいないととか、ものすごく神経を張りつめていました。

一人でも多くの人に、**女性でもできる、むしろ女性だからこそできることがある**ということをわかってもらえるよう、必死に頑張りました。

一方で様々な女性をみていると、「男女平等であるべきだ!」と言いながらも、最後はなにか女性を言い訳にして逃げてしまうところもあります。これでは世の中は変わりません。

輝く女性へ導く一番大切なこと

「地元初の女性なんちゃら」というのは一体何個経験しただろうか。でも、肩書きなんてものは私にとってはどうでもよくて、**大事なのは、扉を開け、道を作ろうと行動すること**です。

女性でもリーダーになれる、性別なんて関係ないという世の中に少しでもなってくれたら、これからの女性たちがそこから切り開いて進んでいき、それぞれの人がそれぞれの持ち味を活かし、自分らしく生き、世の中のために頑張ることができる社会になるのではないでしょうか。

できるとかできないとか、やりたくないとかメリットはとかそういうことではなく、**ただ目の前に与えられたことは、それがどんなことであれ受け入れる。そして自分の最善を尽くす。**

それを信念に行動してきました。一番大切なのは「**情熱と行動**」だと思っています。私は祖母や母の一生懸命お客様のために尽くす背中、父の闘病生活、祖父の真剣に生き、死ぬまで学ぶという姿をみて育ってきました。言葉や説明なんてひとつもありませんでした。その背中をみて自然に成長し、どう生きるべきかを教わってきました。

目の前に来た機会はすべてチャンスと受け入れ、挑戦していく。性別なんて関係なく、世のため人のために頑張りたい。女性が頑張れる世の中にするために少しでも尽力したい。そう思っています。

だから私も**流れに逆らわず、目の前にきたものを素直に受け入れながら、ただただあゆみを進めていきます**。川の流れのように。それが「私の生きる道」なのです。

下着を通じて悩みにコミット

呉服屋から始まった家業ですが、４代目の両親のときに、時代とともに呉服からファッションへ。アパレルの販売を始め、２００４年からは下着の販売も始めます。突然、「おまえは下着を売ることに向いているから下着屋さんをやりなさい」と父から言われました。「下着ですか？」と思いながらも、父の言うことはすべて正しいと思っていた私はすぐに下着の勉強をし、都内の有名な下着屋さんに通ってはいろいろと教えてもらいながら、下着屋を始めました。

下着というのはファッションや呉服以上に、本当にその人だけの、とてもパーソナルなもの。だからこそ、一度試着しただけで心の扉を開いて悩みを打ち明けてくれるお客様は多く、信頼関係を築くのも早いです。

また、17年下着に携わっていると、どこかでSOSを求めている女性が下着のお店に来ることが多いのを感じます。そのSOSは体のことだったり、病気のことだったり、仕事や家族のことだったりとさまざま。

下着は、女性のライフステージに優しく寄り添うことができるもの。一人ひとりのお客様との、よりパーソナライズな関係を作っていくツールとしてとても有効です。よりパーソナライズな関係を築けるということは、応援したり励ましたり、悩みに寄り添ったりすることがしやすい。より深く、広く、長くそのお客様とつながっていくことができます。

でも、それだけでなく**多くの女性は自分の生き方、自分の信じる道を誰かにコミットしてほしい**と思っています。私の頑張りは間違っていないよね、私、信じて頑張ればいいんだよね？　そんな心の内の迷いを持っている人が実に多いのです。

下着販売を始めたとき以降、どんどんそのような女性が増えている気がします。それは、女性の社会進出に直結しているのではないでしょうか。

結婚が遅くなり出産年齢も高くなり、その中でキャリアとの両立をはかるなど、女性の悩みは多様化しています。そんな人たちの心の拠りどころとなり、少しでも背中を押して勇気になることができたら…。

なるほど、だから父は私には下着の販売が向いていると言ったのかと今では思っています。

「糸」物業は人・想い・人生を紡ぐ

一番心に近いところで身に着ける下着、日々の自分にわかりやすくエネルギーを与えてくれるファッション。そして日本古来の文化である着物。これらはすべて「糸」にまつわる商品です。

1本だと強く引っ張れば簡単に切れてしまう糸も、何本もこよれば太い紐となり、縦糸と横糸を折り合わせれば布になる。

ご先祖様から代々受け継がれてきているこの「糸」物業にこだわるというのは、1本の糸を太い紐にしていく、あるいは共に布を織りなしていくことです。

「呉服屋という商売は、お客様が産まれてから亡くなるまでお付き合いするくらいの覚悟がなきゃいけないよ」

「女性が元気だと、その家庭やまちは明るくなるから、彼女たちの生活や人生に彩りを添えるお手伝いをするのが我々の役目だよ」

これは、初代から語り継がれてきたこと、祖父から言われてきたことです。

ただ物を売るだけではなく、人の心に触れ、人生に寄り添う。我々の会社は地域のお客様のおかげでこれだけ長いこと商売をさせて頂いてきましたが、これからも「糸」を紡ぐように、この商人としての想いを繋ぎ、これまでもこれからも、時は流れても「くまじのこころ」を変えず、伝え続けなければならないと思っています。

最高で最大の応援者は「あなた自身」

自分の人生は他でもない、あなた自身のものです。

自分を信じて、心を自由に、今という時を大事に「生きて」ほしいと思います。自分自身の最高の、そして最大の応援者は自分です。女性を言い訳にせず、女性であることを活かして頑張ってほしい。悔しいこと、辛いこと、不安になること、失敗することもあります。でも、だからこそ、自分の人生が充実し輝くのです。

「**This is Me**」と胸張り、笑顔の毎日を。

岩澤あゆみさんの
Facebook はコチラ

輝く女性 file No.3

一つの仕事に囚われない
複数の本業を持つ働き方を実現！

ファイナンシャルプランナー
裏門 春菜

Profile

独立系ファイナンシャルプランナー
EC コンサルタント

1994 年生まれ、26 歳。鳥取県出身。就職で上京し、社会人 3 年目で独立。現在は独立系 FP や EC コンサルタントとして東京を拠点に活躍中。FP では、お金の貯め方や家計の見直し、住宅、資産運用をアドバイス。EC コンサルは女性コスメ分野を得意とし、事業戦略のアドバイスやコンサルを行う。夢は、田舎の両親を東京に引っ越しさせて一緒に暮らすことと、3 年以内に南極に行くこと。

message

時間は、過去ではなく
未来から流れている

超平凡女子が起業した2つのきっかけ

超平凡人間でも大丈夫

あなたにまずお伝えしたいのは、私は**日本人の中でもいたって平均的な人間だ**ということです。特別裕福な家庭でもなく、保育園から大学まですべて公立で、読書は図書館の本のみ。ザ日本の教育で育っています。

異色な経歴や特別な才能など何もありません。むしろ失敗だらけの人生です。

ですので「こんな人間でもできるんだ」と思いながら読んでいただければと思います。

自己主張する小学生

私は、高校卒業まで鳥取県で育ちました。川と海が遊び場で、名字を聞けば大体の住所が分かるぐらいの小さな小さな町です。幼少期は本が好きで、あまり友達と活発に遊ぶタイプではありませんでした。どちらかというと、自分の世界を持っていて、自己主張できるタイプ。誰に対しても思ったことはすぐに発言する性格だったので、こんなエピソードも体験しました。

小学3年生のある日、先生が忙しくて帰りの会がなかなか始まらなかったことがありました。そのとき私はこう言ったのです。「先生！この時間無駄なので、何もしないなら早く帰りたいです」

その瞬間、先生から思いっきり頭を叩かれました。今思うと嫌な小学生ですよね。こんな風に、昔から自分の意見をハッキリ持っていて、一つ一つの物事に対して自分なりに考えるので、納得しないことがあるとすぐに口に出していました。今でも変わってないところかもしれないです。

素直に生きる外国人から学べること

ど田舎で生まれ育った私ですが、小学生の頃から英会話教室に通っていたおかげで海外の文化に触れる機会が多くありました。「世界は広いんだ」と純粋に驚き、異文化について関心を持ち始めます。どんどん「なぜ？」が積もってゆき、最終的には海外の教育について勉強し始めました。今思うと笑ってしまいますが、中学生が北欧の教育に憧れて真剣に学んでいました。

なので、教育問題は今でも関心がある分野の一つ。今回のテーマでもある女性の社会進出も、教育問題と深く結びついていると考えています。女性がより生きやすい社会になるように、いつか教育にも携わっていきたいと思っています。このように、**超閉鎖的な場所で育ったからこそ、より広い世界に目を向けるようになった**のだと思います。

高校では県のプログラムに参加し、アメリカにホームステイ。大学では言語学を専攻し、ドイツ留学もしました。

海外の文化に触れて感じたのは、なんといっても、みんな「**自分に正直に生きている**」ということです。

外国人は自己主張力が高いと感じます。ただ、自己主張するだけではなくて、自分を尊重してほしいからこそ、相手のことも尊重します。

「こうあるべき」というより、「私はこうしたい」と、自分の考えを大事にしてくれる文化は、日本とは少し違う感覚だと思います。

私がその文化を強く体験したのは、ドイツ留学での出来事です。ドイツ人はパートナーシップが多様で、友達の家に行くとお母さんの彼氏がいるなんてことも何度かありました。結婚も離婚もサッパリしていて、良い意味でも悪い意味でも我慢しないのです。私はそれがとても素晴らしいことだと心の底から感じたのです。

だからこそ、私も自分の幸せを追求しようと思うようになりました。**欲しいものは欲しいと言って良いのです**。出る杭は打たれるとはよく言われますが、たとえそうだとしてもこれからの日本女性はもっと自由に活躍していくべきだと思っています。

簡単なことのようで、もしかすると私達日本人には難易度高めかもしれません。

祖母の死が教えてくれた「いつ死んでもいいように」

私には、人生観が変わるような強烈なインパクトを受けたことが2つあります。ひとつは、小学6年生のときに大好きな祖母を末期がんで亡くしたことです。余命数ヶ月と宣告された祖母と、最期の数ヶ月間を一緒に過ごしました。

祖母が生きている間は全力で一緒に過ごそうと、子どもながらに決心したのです。死への期限がある人を目の前にして、もっと一緒にいれば良かったと後悔したくなかったのだと思います。寝たきりで声が出なくなった祖母は、意思表示をしたいとき、天井からぶら下げた鈴を鳴らすのです。どんなに小さな音でも、なぜか私だけは絶対に気付きました。

15年以上経った今でも、あの音は鮮明に覚えています。2人でお風呂に入ったり、ピアノを弾いてあげたり、できることは何でもしました。容態が急変して息絶えるまでの数時間もずっと側にいましたし、亡くなった後は、体が冷たくなるまで隣に座っていました。

祖母と過ごした数ヶ月間で「人が死ぬ」ということを誰よりもハッキリと体感しましたし、

どんなに善い人間でもあっけなく死ぬものだと感じました。

それと同時に、**いつ死んでもいいように人生を楽しまないといけないんだ**と、なにか責任めいたものを感じたことを覚えています。

家族＝幸せ＝起業？

人生観を変えたもうひとつのきっかけは、家族のことです。

両親からたくさんの愛を受けて育った私ですが、一方で彼らが苦労するところもたくさん見てきました。特に、母親の苦労はとても胸が痛かったです。

女性だからという理由で、弱い立場で不条理な責任を負ってしまう事が多々あったからです。そんな姿を見てきた私は、自然とこう思うようになっていました。

「大好きな家族が幸せに過ごしているのが、自分の幸せのひとつ」

だから、**両親の老後も家のことも、私が全部面倒をみたいと思うようになりました。**恩返ししたいというより、自分の幸せのためにそうしたいと思ったのです。

家族に迷惑をかけずに生きていくだけなら、普通に働いて結婚して生活していれば十分だと思います。でもそうじゃなくて、私が家族丸ごと幸せにしたいと思ったのです。

誰に頼まれたわけでもありません。それが自分の幸せにつながることだという、いわゆるエゴです。

もちろん、子どもの私には何もできませんでした。誰かを助けようとするには力がないといけませんし、お金も地位も力もない私には何もできることがありませんでした。

だから、大人になって独立したのです。お金を稼がないといけない。シンプルな理由でした。

本業を複数持つ、令和のスタンダード

どうやってパラレルワーカーに？

独立したといっても、予期せぬ形でパラレルワーカーになりました。最近流行りの「**本業を複数持つ働き方**」です。というのも、手を抜かず一生懸命に仕事していたら、たくさんの方に声をかけてもらえるようになったのです。幸運なことに、大学時代から私の周りには経営者の方が多く、飲食・士業・不動産など様々なジャンルの経営者さんと交流する機会が多くありました。私もいつかこんな風になりたいと思っていたので、自分も独立するのはごく自然なことでした。

今でも仕事で悩むと相談できる方が周りにいて、とても助けていただいています。独立して感じたのは、仕事って世の中にたくさん存在するんだなということ。社会はあらゆるビジネスで構成されているということをようやく理解しました。世の中は全てがビジネスで成り立っていて、常に仕事が生まれています。だからこそ何でも仕事にできるのです。ただ、そこで大事になってくるのは人との繋がりです。**仕事は人と人との繋がりがないと形にできないもの**だと毎日痛感しています。

自分の「困りごと」をビジネスに

私は今、独立系FPとして仕事をしています。お客様は東京を中心に、日本全国にいます。FPは、お客様のお金にまつわるお悩みを一緒に解決する仕事です。お金の貯め方や家計の見直しといった基礎的なところから、住宅、資産運用まで幅広くアドバイスを行っています。男性が多い業界なので、２０代の女性FPは相談しやすいと言ってくださる方も多いですね。ＦＰになろうと思ったのは、こんなエピソードがきっかけでした。

東京に引っ越して一人暮らしする中で、私も将来について考えることが多くなり、「今から貯金とか資産運用とか何かやらないとなぁ」と悩んでいました。ただ、お金のことを誰に相談したらいいのかよく分からなかった。

周りに相談できる人がいなかったので、まず銀行に行ってみました。そこでは定期預金と投資信託を勧められ、保険代理店に行くと、たくさんの生命保険を勧められました。でも結局、私にとって何が一番良いかは分からずじまい。

私が欲しかったのは、もっと中立的な立場で、全ての金融商品の中からベストな提案やアドバイスをしてくれる相手。そんなＦＰさんがいればいいなぁと思い、探してもいなかったので私がなりました。

「**自分が必要としていたので、絶対他にも困ってる人いるだろうな**」と思ったのです。お金のことは、年収や職種にかかわらず、誰しもが課題や悩みを持っていると思います。私の家族もそうでしたし、昔の私もそうでした。

知らないととても損するのに、学校からも親からも教わらない。そんなお客様へ、より安心して人生を楽しむためのお手伝いができるこの仕事は最高です。

私のお客様で、大企業のマネージャー職まで上りつめた超デキるキャリアウーマンの方がいるのですが、先日その方に「将来のお金の不安が解消できた」とお礼のお言葉を頂き感無量でした。

また、金融業界は担当者によって大きく提案内容が変わる仕事でもあります。担当者の知識や扱える商品によって、偏った提案や営業をかけられているお客様はいまだに多いです。だからこそ金融知識を磨き、多様な解決策を持てる環境にいる事を何よりも大切にしています。今後も、お金を人生の味方にできる人を一人でも増やせるように頑張っていきたいと思っています。

会社員での「経験」をビジネスに

ＦＰ以外にも、マーケターとして、ＥＣと呼ばれるネットショップの事業戦略・コンサルを行っています。得意領域は化粧品で、女性用コスメ等の戦略立案・広告戦略等をアドバイスしています。コンサルで培ったマーケティングの考え方は、どの仕事にも通ずるところがあり、学んで良かったと思う業種の一つです。

また、ＥＣはまだまだ新しい分野なのでベテランが少なく、２０代３０代でも頑張れば頭一つ抜けられます。（専門性を身に付けたいという女性にもオススメです）

実は、この業界に入ったきっかけは、就職エージェントに勧められたからで、元々は興味すらない業界でした。

入ってみるととても面白い分野で、今現在も急成長を続ける若干カオスな現場です。業界自体が若いので、頑張れば頑張るだけ大きなプロジェクトを任せてもらえたりします。

なので、２０代の私がプレゼンする相手が、誰もが知る大企業の事業部長さんだったなんてこともあり、大事なプレゼン前には2徹することもありました。

そんな風にハードワークな毎日でしたが、私がオタク気質なことが幸いしました。昔から本を読むことが好きで、海外も大好き。新しい知識を獲得できることが何よりも快感だったので、毎日仕事が楽しかったです。

そしてこの経験で「コンサルティング」の素晴らしさを身をもって体感しました。病気になったら医者に、裁判なら弁護士に、ＥＣサイトのことならＥＣの専門家に。というように、専門家から中立的な立場でアドバイスしてもらうと最も良い解決策が手に入るのです。今のＦＰでの仕事にも生かされているポイントです。

人生を変える3つの心構え

とにかく量より質

ここまで良いことばかり書いてきましたが、上手くいくことなんてそうそうないです。毎日が戦いの連続です。だからこそ量より質だと思って、どれだけ行動できるかを重要視しています。特に営業では悩んでばかりです。社交的ではありますが、人と話すことが得意ではないので悩むこともたくさんあります。そして毎日自分の弱さと戦い続けています。私は大きな目標がある割に、繊細で小さなことでもいちいち気にしてしまう性格。しかも嫌なことがあると現実逃避したくなるタイプなので、特に最悪です。

とはいえ、**やはり投げ出さない、逃げ出さないこと**が大事です。

解決策なんてすぐ出るわけがありません。どうしたらクリアできるのか考え、とりあえず何かやってみる。時間をかけて地道に解決する。社会人1年目のときも、とりあえず残業して手を動かし続けていました。

周りの人を尊敬の眼差しで見よう

また、とても大事なのは、**周りの人を尊敬して見てみること**です。どんな人でも優れたところがあって、自分にはない長所が必ずあります。私もそうですが、人は上手くいかないときは他人のせいにしがちです。だからこそいったん周りを見回してみてください。もっと高い次元で挑戦し続けている人が大勢いるはずです。仕事だけでなく、生き方のヒントもたくさん貰えると思います。

時間は未来から流れている

この本を手に取ったあなたは女性であることを言い訳にしないでください。むしろ強みにしてほしいです。まだまだ女性に厳しい日本社会。女性に対するサポートはまだまだ足りていません。家族やパートナー、会社や社会のせいにしようと思ったらいくらでもできます。

ですが、結局は自己責任。すべての選択と結果は自分が負うしかないのです。現状に不満を言っていても、誰も助けてはくれません。

自分が自分を変えるしかありません。先日、尊敬する経営者の方から、「**時間は、過去からではなくて未来から流れてきている**」と言われました。すごく心に残っていて、勝手に勇気づけられました。

過去に何があったって、未来を良くすることはできるのです。だからこそ、女性には、その素晴らしい才能を未来に使ってほしいと思います。**動かないと何も起こりません。動けばきっと何か起きます**。成功よりも成長に囚われましょう。

裏門春菜さんの
インスタグラムはコチラ

輝く女性 file No.4

幼稚園教諭やパートから
「ある」きっかけでハンドメイド作家に

ハンドメイド作家
河本 喜子

Profile

純チタンアクセサリーの製造販売
「セカンドピアス Blue Hill」運営

短大卒業後、幼稚園教諭として勤務し出産を機に退職。子どもが２歳になった時に資格を生かしてパートとして保育所に勤務するも、働く環境に悩まされ辞める決意をする。そして、ハンドメイドマーケットに訪れたのがきっかけでハンドメイド作家として活動を始め、ネットショップ「Blue Hill」を立ち上げる。今では楽天市場や minne でも販売され、ViVi や JJ などの有名雑誌にも取り上げられている。

message

やりたいことがあるなら
まずは「やる」と決断する！

夫の一言が人生のターニングポイント

昔から手作りが好きだった

静岡県東伊豆町で3人兄弟の真ん中として生まれ、広大なみかん畑を遊び場にして育ちました。従兄弟家族とも一つ屋根の下で暮らす、いわゆる大家族です。

清掃会社を営んでいた父は、観光地ということもあって旅館のメンテナンスを請け負っていました。祖父はみかん農園経営、曾祖母は茶道の先生、叔母はフラの先生と、自分らしく働く大人達の姿を毎日見て育ちました。母は、昔から子どもが好きだった私の気持ちを本当に大事にしてくれて、幼児教育の道へ進ませてくれました。

幼稚園教諭というのは、純真無垢な子ども達の心とからだの成長を委ねられる、とても尊い職業です。大きなやりがいを感じながら、出産ギリギリまで勤めさせていただきました。子どものころから裁縫やお菓子作りなどに夢中になっていたくらい、何かを手作りするのも大好きです。

幼稚園教諭の頃は残業が当たり前で、手作りを楽しむ時間はほとんどなかったので、まさか今こうして「ものづくり」を仕事にしているとは、夢にも思っていませんでした。

パートで働いて感じた違和感

息子が2歳になると同時に保育所へ預け、資格を生かして保育所でパートを始めました。といっても、保育所で働くのは初めて。幼稚園での経験や息子の育児経験があるのでなんとかなるだろう！　と楽観的に構えていたところ、痛い目にあいました。

私の経験した幼稚園と、今回の保育所はまったく畑が違ったのです。自分の無知さ、ミスの多さにショックを受けました。また、保育や子育てにおいて自分が大切にしていることが、職場では優先順位がとても低かったりと、受け入れるのに時間がかかる面もありました。

「頑張って続けるうちに順応して、卒なくこなせるようになるはず」と思う一方で、「そもそもパートだから責任ある仕事は任されない。私の人生、これでいいのかな?」と悩むようになり、みるみるうちに自己評価が下がっていきます。

家にいるときも胸が締め付けられ、ため息ばかり。息子に悟られないよう作り笑顔をして、息子に心の安らぎを求めるようになりました。

そんな私の姿を見た夫から、「**辛いなら辞めてもいいよ**」**の一言**。

この言葉にどれほど救われたことか。たくさんの人にご迷惑をおかけして、私は保育所でのパートを辞めました。

このときは今後の展望などなく、苦しさから解放されたい一心でした。

辞めるのはとても勇気がいりましたが、今思えばこの大きな決断が、人生のターニングポイントになったと思います。

ハンドメイド作家としてのはじまり

ハンドメイド作家になるきっかけ

私がパートを辞めた1週間後に、ありがたいことに夫が管理職に昇格。さぁ今後はどうしようかとのんびり考えていたところ、毎月近所でハンドメイドマーケットが開かれていることを知ります。足を運んでみると、２００店舗近いお店が立ち並び、多種多様な手作りの作品を販売しているではありませんか！「わぁ！皆すごく楽しそう。これも素敵、あれも素敵。私もやってみたいな」感動は一瞬で憧れに変わり「ハンドメイド、やってみてもいい？」と夫に聞くと「家計に負担を掛けない程度でなら、いいよ」との返事が。

「やった！」と心の中でガッツポーズをし、期待に胸を躍らせました。

お店の名前は、実家のみかん畑の景色をイメージして「ＢｌｕｅＨｉｌｌ」に決定。初心忘るべからずの思いを込めました。裁縫が好きだったので、はじめは子ども用の帽子を作ることに。

翌月のハンドメイドマーケットに出店すると４個売れて、その日は家族で大喜びでした。しかし、子ども用の帽子は作るのに手間と時間がかかる割に、販売価格をそこまで高く出来ないことに気づきます。そこで、アクセサリー作りを始めました。ハンドメイド通販サイト「ｍｉｎｎｅ」に出品するなど精力的に活動していたのですが…

「あれ？ 売れない…」

アクセサリーが全然売れないのです。他の作家さんがやっていない手法、なおかつ可愛いデザインで作っていたつもりなので、そこそこ売れるだろうと踏んでいたのに。駅前のハンドメイドマーケットでは１個も売れない日もありました。

３歳になる息子が「へいらっしゃい！ やすいよやすいよ」と覚えたてのセリフで参戦してくれたものの…努力もむなしく閑古鳥が鳴いていました。

ライバルの最も多いアクセサリー市場では、クリアしなければならない課題は山積み。正解が分からない中、一つ一つ手探りの日々を送っていました。

それでも、辛いと思ったことは一度もありません。あれこれ考えるのが楽しかったし、何より息子はピアス屋さんをやっている私に憧れていたのです。

帰り道、「次はお母さんのお店の隣でサンマを焼くね」とキラキラした瞳で約束してくれた息子。（え、絶対やめて…でも嬉しいなぁ）

毎朝ワクワクして目覚めたい。子どもに与えられるのではなく、与える母親でいたい。私にとってそんな理想の生活に変化していました。

「やっぱり売れない」落ち込む日々

そんな気持ちの一方で、売れない時期は1年以上続きます。ｍｉｎｎｅの出品に日々取り組んでいましたが、簡単には売れず、月に1個売れればいいほう。

ハンドメイドマーケットでは、お店の外装をおしゃれにしたり品揃えを豊富にすることで徐々に売れるようになりました。

しかし、たまの週末に行われるイベントで、売り上げ一日2〜3万円ほどでは安定した収入とは言えず、家族の時間を犠牲にすることにも申し訳なさを感じていました。
「これは絶対に売れる！」と思って出品しても、まったく反応がないとがっかりしてしまい、「自分には才能がないのかな・・・」と落ち込むときも多々ありました。

作家がハマりやすい落とし穴

今思えば「**その商品がお客様にとってどれだけ必要か**」**という視点がすっぽりと抜け落ち、ただ自分が作りたいもの、可愛いと思うものを作っていた**のです。もちろん自分のセンスや個性を活かして成功されている作家さんもたくさんいますし、そんな作家さんに憧れていました。でも悲しいことに、私にとってこの方法は合っていませんでした。そのことに気づかず、同じところをぐるぐると回っていたのです。

店舗数が限られている実店舗のハンドメイドマーケットでは、お客様が手に取って、知りたい情報はすぐに作家さんに聞いて、納得して買うことができます。

一方でネット販売は、何万点という膨大なアクセサリーの中からまず見つけてもらわなければならず、なおかつ写真や商品説明文だけでお客様に欲しいと思ってもらうだけの打球力が必要です。私にとってそのハードルはとても高いものでした。

チャンスは鳴り止まない電話の中に…

そんな中、なにか違うことをしてみようとホームページ制作に取り掛かりました。最近は簡単に無料で作ることが出来るので、とにかく気軽に始めてみることに。すると、登録した翌日から営業電話がわんさか掛かってきました。ほとんどはＳＥＯ業者の営業です。検索対策に月何万円もかける余裕などもちろんないので、断り続ける毎日。肝心の売上の変化もなく、私は一体何をしているのだろうと悩んでいたところに、一本の電話が。

「楽天市場の〇〇と申します。ＨＰを拝見して、ぜひ当モールに出店をお願いできないかとご連絡差し上げました」

「え？ 楽天市場って、代理店とかではなくて、直接のやつですか？」

自分でも何を言っているのかよく分かりませんが、このときは「だまされないぞ」と思って電話に対応しました。すると、ホンモノの楽天市場からの営業電話でした。通常、楽天の出店料は安くても月２万円ほどですが、楽天からオファーがあって出店する場合は少し異なります。

販売手数料が通常よりもかなり高い設定になっている代わりに、出店料は月５０００円ほどで始められて、お試しでチャレンジするのにはピッタリなプランになっているのです。

誰もが一度は利用したことがあるであろう楽天市場への出店。（これは…チャンス！？）

反骨精神はエネルギーに変わる

悩んだ末、ウェブデザイナーの姉に相談。お店のロゴデザイン、ピアス台紙やクリアファイルなどのデザインをしてくれ、いつでも親身になって相談に乗ってくれる頼れる存在です。姉はこう言いました。

「楽天はネットショップの中でも最もハードルが高い。バナーひとつ取っても自分で作らなければならないし、店舗運営の作業量は今の比にならない。それ相応のパソコンスキルも必要になる。本当にできる？」

なるようになるさ～ケセラセラ～な私の性格を熟知した姉だからできる、資金をドブに捨てないための的確なアドバイスでした。今考えるとそのアドバイスがあったから頑張れたのだと思います。

私の弱点をあらかじめ突かれているので、**そうなってたまるかという反骨精神が働き、「絶対に驚かせてやるぞ」と息巻きました。**そして楽天市場への出店をきっかけに、作品作りに対する考え方が変わり、売上が大きく伸びていくことになるのです。

自分が好きな物より、皆が欲しいと思う物

突然ですが、物販でもっとも大事なことは何だと思いますか？ 知名度を上げること？ 写真を綺麗に撮ること？ 説明文を丁寧に書くこと？

私は、**一番大事なのは商品力**だと考えました。ドラッグストアに売っているティッシュや洗剤など生活に密接した商品は、ただ置いてあるだけでも当たり前に売れていきますよね。自分の商品も、その状態に少しでも近づけたいと考えました。

アクセサリーは贅沢品ですから、不景気になれば真っ先に買われなくなります。そうならないためにはどうすればいいだろうか。アクセサリーの「**必要とされる部分**」はなんだろうか。自分でピアスホールを開け、ピアスを開けている人がどんなことで悩んでいるのか、それを解決するためにどんなピアスが欲しいのか研究する日々。

資金も底をつき始めていたので、「これでダメならゲームオーバーかも」と、あとのない状態でした。

そして、楽天市場出店から3か月後。今のスタイルの前身となる商品が誕生しました。出品すると、楽天市場とｍｉｎｎｅの両方で、すぐにたくさんのお客様からの反応があったのです。今まで経験したことがない展開に驚き、とても嬉しかったのを覚えています。

商品が売れ始めると、月を追うごとに売り上げが倍増。サラリーマンでは絶対にありえないことです。

その話を夫にすると、目を丸くして驚きました。夫は仕事にまじめな理系人間で、今回の新商品の開発の際には、私にはない視点からたくさんのアドバイスをくれました。

でも決して手伝うことはありませんでした。私としても、自分のやりたいことをやらせてもらっているのだから、夫の手を借りることはプライドが許しませんでした。逆にそれが良い関係を作っていたように思います。

自信が持てないからこそ挑戦する

この頃には実店舗は出さず完全にネット販売のみだったため、お客様の喜ぶ表情や自分のアクセサリーをつけてくださる姿を見ることができません。一日中家にこもって仕事をするのは孤独で、お客様からのレビューと売上の数字だけが、お店の人気を実感させてくれました。

インスタグラムへの投稿も続け、たまにフォロワーさんへのプレゼント企画を実施。

するとたくさんの反響を頂けるので、それも自信に繋がっていたように思います。ただ、お店が軌道に乗った状況を受け入れるのは少し難しかったです。レビューや数字や反響でお客様の反応を求めることに、どことなく違和感を感じる自分がいました。

私は子どもの頃、早生まれということもあって同級生よりも体が小さく、話すのも上手ではありませんでした。

幼稚園では「よっちゃんはできないからダメ」と仲間外れにされたり、皆に誤解されても上手く説明できずに立ち尽くしたり、そんな暗い記憶が真っ先に思い出されます。

皆が遊ぶのを輪の外で見ている、そんな女の子でした。ただ、お絵描きとかけっこだけは得意で、ものすごく誇りに思っていました。私はやればできるというポジティブさを持つ一方で、対人面に関しては圧倒的な劣等感がありました。

そのせいか、大人になってからもいつも原因不明の不安がつきまとい、自分に自信が持てなかったのです。そんなとき、今回の書籍出版のお話をいただきました。

「私に本なんて書けるはずない」と頭の中ですぐに否定から入る自分がいる反面、「不安というのは得体の知れない幻想のようなもので、いざやってみると簡単に現実を変えられる」ということも知っています。

全ては自分次第。

「たくさん努力して認められよう」などの、**他者評価からくる安心感ではなく、自分の根底にもともとあるダイヤモンドの原石を磨くことだけに意識を向ける。**それがキラキラと輝きだしたときに、揺るぎない自己肯定感が育つのではないでしょうか。

夫婦で経営していく決断

夫が管理職になって2年が経ちました。新卒から16年間まじめに働き、懸命に勉強をした結果、今の立場があるのだと思います。しかし、この2年間で夫はすっかり心も体も疲れ果てていました。

週末はお出かけもせず、プライベートを楽しむ心のゆとりはありません。夫は技術仕事は好きですが、人を管理するのは向いていないというのは、私もよく分かっていました。

そんな夫を見ていると、2年前に同じように辛かった自分を思い出しました。

人間誰しも、ずっと全力で走り続けることなんてできないはずです。頑張って定年まで勤めたとして、あと何年人生を楽しめるでしょうか。その前に心の病気になってしまうかもしれない。我慢は美徳ではない。我慢の先にあるものって一体?

あのとき夫が言ってくれたように、「辛いなら辞めてもいいよ」と私が言えたら、夫はどんなに救われるだろう。そして今はそう言えるだけの基盤がありました。

「これからは二人でＢｌｕｅＨｉｌｌを育てていかない？　もしうまくいかなかったら、そのときは再就職すればいいじゃない」

そう笑顔で言いながら内心は不安でいっぱいでしたが、これでいいのだと心から思っていました。男だからとか女だからとか、固定観念に縛られず、人生のパートナーとして平等に助け合える関係でいたかったのです。

この決断が吉と出るか凶と出るかは分かりません。１０年後自分たちがどうなっているか？　全然想像できません。でも、だからこそ人生は面白いのだと思います。

今まで自分一人では出来なかったことに、二人でたくさんチャレンジして、山あり谷ありの日々を楽しんでいきます。

「心から幸せ」と言える自分に

自分のために生きる

こう言うと、なんだか感じが悪く聞こえるかもしれませんが、私は自分のために生きています。

「親の側にいることが親孝行だ」
「亡くなった人の想いを継ごう」
「子どもだけが生きがいだ」
「旦那が望むから専業主婦でいようか」

そうやって誰かに縛られて、本当の自分を見失いそうになることが何度もありました。

天職なんて私にはわかりませんが、やりたいことならたくさんあります。自分で決めたことに本気で打ち込む姿を見て、周囲の人が同じように自らの内面と対峙してくれたら、そんな光栄なことはありません。

「私、心から幸せだよ」と胸を張って言えることが一番の親孝行であり、子どものお手本であり、亡き人への弔いとなると信じています。

立ちはだかる壁は乗り越えるのではなく小さな穴を開けることから

これまでお話ししたことはあくまで私の体験談であり、いくつかのチャンスに恵まれて現在の事業を確立することができました。しかし、**チャンスというのは行動しなければやってきません。**

もし今、**あなたにやりたいことがあるなら、まず「やる」と決断すること**です。

そして**失敗を恐れずに色々な方面からアクションを起こすこと**です。あれこれと試行錯誤しているうちに、誰かが自分の存在に気がついてくれます。

そして一生懸命打ち込む姿を見た身近な人達は、応援してくれるようになります。ただ私も、毎日全力で駆け抜けてきたかといわれると決してそうではなく、やる気が出ない日もありました。その間に取りこぼしたチャンスもたくさんあったでしょう。

有名経営者がテレビで話しているのを観ると、もはや雲の上の人で、まったく自分と異なる世界にいるように思えますよね。

でも皆最初は「やりたいことがあるからチャレンジしよう！」という気持ちからスタートしているはず。これは多くの起業を目指す人に共通するところです。

「こうすれば成功する」という答えを教えてもらえれば誰も苦労しません。分からないから、挑戦と失敗を繰り返して自分だけの答えを見つけ出すのです。

時には親しい人の意見にも耳を傾けてください。

耳の痛いことも率直に言ってくれる一方で、自分では気づけない学びや発見があります。取引先の人と仲良くなると、役立つ情報を教えてもらえることもあります。

身の回りの人を大切にして、上手に味方につけましょう！

「う〜ん、でも…」一歩踏み出したいけど踏み出せない。目の前の壁がとても高く感じる。そんな人は、**壁を乗り越えたりぶち破ったりする必要はないので、隅っこにちょっとだけ小さな穴を開けて、壁の向こうの様子を覗いてみてください**。そうしているうちに自然と穴が大きくなって、気づいたら壁の向こう側にいるかもしれませんよ。

河本喜子さんの
インスタグラムはコチラ

輝く女性 file No.5

波乱万丈な人生を乗り越え
世界初のスピリチュアルお香を開発！

スピリチュアルお香創始者
如月 香未

Profile

株式会社 COU　代表取締役

JAPAN お香エッセンス協会　代表理事

高校卒業後貿易会社を経てメイクの仕事を14年勤める。2人目を出産後、元夫の事業が失敗し借金を抱えることに。シングルマザーとして2人の子どもを育てる覚悟を決め離婚。41歳の時に起業し世界初の「スピリチュアルお香」を創始。今では協会を立ち上げお香セラピストや香司を養成し社会貢献できる人材を創出する活動を東京・福岡を拠点に全国へ広げている。

message

自分自身の心の声を見逃さず
心が満たされる選択をする

お香の世界と出逢うまで

悠久な時を経て伝えられてきた日本のお香

世界的にも香りの歴史は古く、人々の生活に欠かせない「香」が、日本に仏教と共に伝来して約１５００年、時代と共に日本風土にあった「香」へと変化してきた日本のお香には、「日本の美」「和の心・精神」が宿っていると感じます。

わたくしは、伝統的なお香づくりの技術やお香の神髄であるスピリチュアルお香を伝承する「お香伝道師」を育成しています。お香の世界とご縁して今日まで、お香の素晴らしさをお伝えしてきました。お香に癒されて涙する人、元氣を取り戻す人、笑顔になる人をたくさん見てきました。

お香とご縁することで多くの方々にミラクルが起きています。必要とする方々にご縁がつながるお香です。

では、私がどのようにお香の世界へ導かれ協会代表として活動をしているのか、ジェットコースターのような人生を振り返ってみたいと思います。

１９７０年 東京都生まれ。４人兄姉の末っ子として生まれた私は、自営をする両親のもとみんなに可愛がられながら何不自由なく育ちました。幼い頃はかなりの人見知りで、家族や親戚以外の人たちと話すことはとても苦手でした。

今の私が「実は人見知りなんです」と言っても笑われて信じてもらえませんが、人の感情や思考を瞬時に読み取ってしまう「エンパス」だったので、人混みの中に入るのが嫌でした。

保育園にも幼稚園にも行かず、小学校に上がるまで、一人で公園で遊んだり妄想の世界で遊んでいるような幼少時代を過ごしました。

そんな私が一番心休まり好きだったのが、祖母の部屋に行き昔話を聞くことでした。ご先祖様からの大いなる光にいつも包まれご加護を感じていました。誰に教わったわけではありませんが、手を合わせ感謝することが日課になっていたものです。

小学3年生になると人の感情もあまり氣にならなくなり、積極的に物事に取り組んだり発言したりと、内弁慶だったのがウソのように開花していきました。

元夫の事業失敗で、お金に追われる日々に

親から大学進学を望まれましたが、早く自立した大人になりたいという思いから、大学に進学せず貿易会社へ就職。人間関係にとても恵まれた職場で、仕事も楽しく色々なことを学ばせて頂いた3年間を過ごします。

その一方で、これからは手に職を持つ時代と考え、会社で働きながらメイク学校で2年間学びます。その後「ブライダルメイクアップアーティスト」として活動するようになり、ファッションショーや雑誌取材時のメイクを担当することもありました。

メイクの仕事を14年間する中で、結婚、出産を経験したのですが、ちょうど二人目の出産後、夫婦関係に変化が起きてきました。

元夫の事業が失敗し、かなりの借金を抱えたことで、生活が一変したのです。生活を支えるために平日は保険の仕事、土日はメイクの仕事、その他にも空いてる時はコールセンターの仕事や単発の派遣の仕事もし、毎日の睡眠が2～3時間という生活を過ごす毎日。

自分で何かを創り上げるという思考には至らなかったときでした。

スピリチュアルの世界との出会い

子どものために何とかしなくてはという想いで頑張っていましたが、このことが「私の人生や存在価値はなんだろう?」と見つめ直すきっかけとなり、自分探しのため、自己啓発、精神世界の学びへと進んでいきました。

私の母方の祖母は霊能者、霊媒師であったため、お経をあげたり、お祓いをする姿を見ていたので、特別な世界へ入っていくという感覚は全くありませんでした。むしろ、自分の中にくすぶっていた「本来の私」に目覚めることができるとワクワクしたものです。

オーラソーマを皮切りに、アカシックレコードや古神道など精神世界を学んでいくうちに、幼い頃に蓋をしたスピリチュアル能力を開花していきます。

祖母のように幽体世界と繋がるチャンネルではなく、宇宙創造主、日本の神様とつながりメッセージを降ろすことや、魂の記憶をリーディングし、より良い方向へナビゲートするスピリチュアルカウンセラーとして活動するようになりました。

長年やってきた得意なメイクの技術とスピリチュアルを融合した開運メイクで、女性の内面だけでなく外見も美しく輝くお手伝いをさせて頂きました。「本来の私」を取り戻し始めた私は、３７歳で離婚を決意し１２年間の結婚生活にピリオドを打ちました。離婚を自分から切り出した為、援助もありません。

それでも子どもたちを育てると決め、１０歳と7歳の子どもを連れて新たな人生をスタートしました。

全てを失いお財布の中はたったの10円

離婚を機にスピリチュアルカウンセラーを一旦休業し、生活のために保険外交員などの営業の仕事を選択。営業所、支社でも常にトップや上位に入り生活も安定していきました。

ある日、ヘットハンティングされた私は違う世界へチャレンジするのですが、結局人に騙され全てを失うことになります。職もなくし、体を壊し、借金も抱え、お財布の中に１０円しかない。「子どもたちの明日のご飯はどうしよう」なんてことも経験しました。有難いことに、今の私からそんな過去があったと想像する人は誰一人いません。

人生は色々なことが起きるものです。本当にその時はもがき必死でした。私一人ではなく子ども２人を路頭に迷わせるわけにはいかなかったからです。

つらくて心が折れそうになることや一人涙することもありましたが子どもたちの笑顔が、存在があったから乗り越えてきたと思います。子どもが私の光でした。

このように色々なことを経験する中で多くものを学びました。「あなたの道はその道じゃないよ！　氣づきなさい」と言わんばかりに色々なお試しがきました。

自分らしく生きる覚悟

どんなにつらくても、私のなかで絶対に揺らがないものがあります。

「どんなことが起きても自分の人生を自分らしく生きよう」

それはとても**「覚悟」**がいるものです。人のせいや環境のせいにできないからです。今置かれている状況はすべて自分が創り上げているもの！　人のせいや環境のせいにして逃げない！　今がつらくても命さえあれば必ず何とかなる！　目の前のできることを一生懸命やっていけば、必ず光がみえてくる！　その思いで一歩一歩進みながら自分の未来を思い描いていきました。

人間には感情があります。人はその感情にのまれて振り回されてしまうことが多々あります。ネガティブな感情はなにかと厄介で、どのように付き合っていくのか対処法がとても大切になります。

私は**常に瞑想をしながら心穏やかに、感情をフラットに、俯瞰してものごとをみるようにバランスを整えていきました**。そうすると色々なミラクルが起きます。

心配して助けて下さる方が現れたり、仕事を頂いたり、昔貸したお金がポン！と返ってきたり、必要な金額分の仕事が舞い込んできました。メンターとなる人と出逢えたこともできました。この時ほど人の温かさや目に見えない恩恵を感じたことはありません。

本当に感謝しかありません。

スピリチュアルは特別な世界ではないと氣づく

精神世界、そしてスピリチュアル的な学びをすることで、現実的に生きることの大切さを知ることができました。「目に見えない世界」のみに重きをおくのではなく、しっかり現実世界を生きるための「調和」。

何気ない普段の生活の中にたくさんの幸せがあり、その幸せは当たり前ではないことに気づく心。見えないけれど、目の前にある「愛」や「恩恵」のなかで「生かして頂いている」という感謝の気持ち。

そして、「**今ここ**」**を意識し、大切に生きること。**

私はこういったことが、自らのより良い人生を創り上げていくことだと氣づきました。

生きていく中で夢を描くことはとても大切ですが、ただ思い描いているだけではなにも始まりません。どんなにつらいことがあっても、目の前にあることを感謝しながら淡々とこなしていくことで次の扉が開くことができるのです。

人間は喜怒哀楽という感情があるから面白く、美しいのですが、行き過ぎた感情に振り回されないということがとても大切になります。

本当にジェットコースターのような人生を歩んできた私ですが、４１歳から個人事業主としてスタートした事業が軌道に乗りはじめ、後に株式会社ＣＯＵを立ち上げることになります。

自己肯定感を高めるお香の力

私の使命

２０１１年東日本大震災を経験し、命について深く向き合うことになります。ライトワーカーとしてのお役目から目をそらしていた自分自身にこのままで良いのか？と問いかけていくのですが、ちょうど震災から1年が過ぎるころ、天から「お香」と啓示を受け、お香の世界へと導かれていきます。なぜ「お香」という啓示があったのか。それは、人々の覚醒を促し「天と地を繋ぐ光の柱をたてる」という私の天命を、伝統的なお香づくりの技術だけでなく、もっと深い部分、お香の神髄、スピリチュアルお香を創始し伝承していくこと。

そして、お香で人々の意識を向上させ、それぞれのお役目を全うできるようナビゲートするようにと。「お香」が私たちの心・体・魂、精神などにどのように作用しどんな恩恵があるのか、どのようにすればもっと効果が高まるのかなどを体系化して伝えている人が誰一人いなかったからです。

スピリチュアルお香の第一人者に

2012年､私は､香原料一つ一つのエネルギーを読み取り､言葉に変換し､体系化した「スピリチュアルお香」オリジナルメソッドを創り出しました。世界で初めてのものです。

スピリチュアルお香の第一人者として活動していくことを決意し、薫物屋香楽の認定香司を習得後、伝統的なお香の文化・世界を重んじつつ、和の文化・調和の心・お香の神髄（スピリチュアルお香）を融合した「美創香家」家元制度をスタートしました。

その後、伝統的なお香とスピリチュアルお香の二つの柱をたて「ＪＡＰＡＮお香エッセンス協会」として活動範囲を広げていきます。

お香の力が可能性の扉をひらく

一般の店舗などで販売されているお香はケミカルな素材が含まれた商品が多く、そのような香りを「お香」と認識しているのではないでしょうか。

しかし、そのような香りは嗅覚や体の感覚、エネルギーに敏感な人にとっては体調を壊したり、お香の香りに苦手意識を抱いてしまう原因になっています。

私もその一人でお香屋さんに入ると頭が痛くなり氣分が悪くなります。協会で扱っているものは、全て天然の素材のみを使用しているのでそのようなことにはなりません。

波動の高い天然のお香は、潜在意識を浄化するパワーがあり、「本来の自分」を目覚めさせ、あなたの可能性の扉をひらいていきます。香りをキャッチする場所「嗅球（きゅうきゅう）」は、眉間の奥、「第三の目」（※）の近くにあるため、直感力や本能的な感性を呼び起こします。

喜怒哀楽の感情や情緒、記憶や自律神経、内分泌系の調整をする大脳辺縁系へダイレクトに作用していくため、潜在意識の中にある刷り込まれた思い込みや固定観念、今世や過去世の記憶やトラウマなどがクリアリングされ深い癒しを得ることができます。

このように、香りはとてもスピリチュアルな存在なのです。

※第三の目・・・目や脳と深く繋がっていて開花させると直感力が高まるといわれている。「内なる目」「サードアイ」。

手作りお香で「至福」から「覚醒」へ

私たちは生きていく中で、なにかしらストレスを受けています。昨今ではコロナウィルスによる将来の不安、健康の不安、経済の不安のなかで生活している人も多いのではないでしょうか。

この「**負のエネルギー**」**のスパイラルに飲み込まれないよう**「**至福**」**の感覚を呼び覚まし、香運**（**幸運**）**体質にしていくこと**がとても重要です。

お香の香りを聞くだけでもパワフルですが、お香は手作りするからこそ、他にはない深い癒しを味わうことができ、第五感、第六感が満たされ、至福を感じることができます。

香原料の香りには、墨汁の香り、木の香り、腐葉土のような香り、花の香り、蜜のような香りもあり、とても奥ゆかしく懐かしい香りを放っています。

単体だとかなり個性的な香りもありますが、その香りたちを調合しながら創作していく過程で良い香りへと変化していきます。この変化をご自身で体験することによる心・体・魂、精神への影響は計り知れません。

お香をつくり（動）、香りを聞く（静）ことで、「覚醒」が起きます。

宇宙の根源につながり、自分の中の神聖な神様を輝かせることでミラクルがどんどん起きていきます。

自身への信頼がわいてくることで肯定感が高まり愛に包まれます。すべての根源が《愛》であること、常に愛が注がれていることに氣づくことができるようになります。

ナチュラルでブレない自分で人生を満たす

心の声を見逃さないために感性を磨く

これからは自分自身を偽って生きることが難しくなる時代。本質を感じ取り、本物を見極める感性を磨くことがとても大切です。

そういった感性を磨けば、潜在意識がどんどん具現化されていきます。**自分自身の心の声を見逃さず、自然体で心が満たされる選択をしていくことを心がけていきましょう。**

お香の香りであなたの本質や状態がわかる弥栄メソッド「お香セッション」というものがあります。

数種類のお香を深く聞き、好きな香り、嫌いな香り、氣になる香りをそれぞれ数本ずつ選んでいただくことで、魂の本質から今ある状態、より良い方向を示すなどたくさんのことが分かります。このセッションを受けて、より良い人生に向かって進まれる人が増えています。

（お香セッションを受けられた５０代の女性）

こんな私じゃないはず、でも本当の自分ってなんだろうと、葛藤しながら生きてきました。仕事にも家庭にも幸せを感じられずに何かが違うとモヤモヤしていたのですが、お香セッションを受けて涙が出てきました。私は自己肯定感が低く、いつも「愛」に飢えていたことに気づかせて頂きました。お香の香りで満たされていく感覚、はじめての経験でした。

（香司認定講座を受講された４０代の女性）

お香のエネルギーを感じながらつくることで、色々な感情が湧き起こり浄化していきました。こんなにもお香が深くてパワフルだとは思ってもいなかったのでビックリしました。

伝統的なお香づくりの技術とスピリチュアルお香が融合した協会のメソッドを学べて本当に良かったと思います。そして講座中にリーディングしてくださった如月先生のメッセージに涙し、お香の香りに涙し、その後も色々と変化が起きています。一番嬉しいことは家族との関係が不思議なくらい改善したことです。毎日笑顔で楽しく過ごせています。香司の資格を取れるだけでなく、幸運もやってきました！

私もお香で人生が花開いた一人です。

多くの人々が「和のこころ」を想い出し、お香をもっと身近に、氣軽に触れたのしめるように、香原料を調合する「合せ香」技術を伝承するお香づくりのスペシャリスト「香司」、心・体・魂の健康を促進する「お香セラピスト」、お香の神髄を伝える「スピリチュアルお香マイスター」などの技術と社会貢献できる人材を創出する活動をしてまいります。

如月香未さんの
ホームページはコチラ

輝く女性 file No.6

フリーアナウンサーから独立起業し
世界でたった一つの感動セレモニーを実現！

セレモニープロデュース
北小路 美紀

Profile

株式会社 GRATITUDE　代表取締役

20 歳でフリーアナウンサーデビュー。仙台のテレビ・ラジオの MC から、全国でのスポーツアナウンサーを経て、40 歳で MC・司会事務所を設立。以降、ウェディングプロデュース事業やご葬儀事業に力を入れ、48 歳で法人化。現在は三人の子育てをしながら、家事代行サービス等も合わせて人生 100 年に寄り添うサービスを展開。人材育成研修コーチやセレモニーアドバイザー、また「生きて、死ぬこと」をテーマにラジオや講演会でも活躍中。

message

命燃え尽きる最期の一瞬まで
「心」を輝かせて生き抜く！

アクセル全開！ ポンコッカー

フリーアナウンサーから経営者に

わたくしは仙台のテレビやラジオでフリーアナウンサーとしてデビューをして以来、２８年に渡り、想いをカタチにするお仕事に情熱を傾けて参りました。おかげさまで、２０２０年１１月に法人化し、株式会社GRATITUDE（グラティテュード）として新たな歩みを始めたところでございます。

結婚後、宮城・大阪・栃木と転居し、二児を出産後もスポーツアナウンサーやイベント、結婚式等でマイクを握らせて頂いておりましたが、今から１２年前、葬儀司会のお仕事に出会い、これがわたくしの人生の彩を大きく変える始まりとなりました。

シングルマザーの道を選んだきっかけは「老夫婦の最期の別れ」

８０代の男性が亡くなったご葬儀を担当した時のこと。奥様である車椅子の女性は認知症で一切会話ができず、一点を見つめ、じっと座っていらしたのですが、お別れの花入れが始まった瞬間、急に立ち上がり、お棺に駆け寄って声を上げ始めました。

「じいさんだから、ばぁは幸せだったのよ。置いていかないでくれ。一緒に連れていっておくれよ。じいさん、愛しているんだよ…」

細い声を絞り出し、その小さな体の上半身をお棺に入れ、亡きご主人にすがりつき、泣き続けたのです。

共に人生を歩んできた伴侶が亡くなっても尚、愛を伝え続けた夫婦の最期に立ち合わせて頂き、長い間、夫婦関係で悩んできたわたくしは、シングルマザーになる道を選びました。

死ぬわけにはいかない

幼い子ども二人を抱え歩み始めたものの、所属していた司会事務所の仕事が激減し、無収入となった不安の日々。一週間後の自分はこの世に存在していないかもしれないと生きもがき、深い底なし沼に沈んでいくような闇の中、心理学やメンタルアップ、ＮＬＰ（神経言語プログラミング）を知り、改めて「心」の大切さを学びました。

人は「心」で生きている。お金がなくても、心さえ元気ならどんな事も乗り越えられる。子ども達のためにも、ここで死ぬわけにはいかないと奮い立ったわたくしは、必死の思いで蟻地獄から這い上がり、見えない明日も貧しい生活も、子ども達と楽しんでいこうと決意しました。

シャンプーや柔軟剤は水で薄めて無料増量！　穴の開いたストッキングは二枚重ねで温かさ倍増！　お姉ちゃんのおさがりを着た息子は「ピンクマン参上」で家族みんなが笑いあう。

仕事もお金もない人生のどん底ではございましたが、子ども達が元気で生きてくれているという事のありがたさ、そして何より父母が支えてくれ、友人・仕事仲間・ママ友・元夫等、たくさんの方が手を差し伸べ助けて下さりました。

バツイチじゃなく「マルイチ！」

少しずつ前へ歩み始めたわたくしへ、個人的に司会依頼が増えてきた頃、ある方にこんな言葉を頂いた事がありました。

「離婚はバツイチじゃなくて、マルイチよ。だって、人生のハンドルを握って、好きな道を突っ走れるようになったのだから。」

この言葉で、それまでは会社設立など一度も考えた事がなかったわたくしは、この司会で喜んで頂けるのなら、一人でも多くの方にご奉仕したいという思いが少しずつ強まり、司会・セレモニースタッフ事務所の開業を考え始めました。

とても小さなポンコツカー、でもわたくしにとっては子ども達を守る戦車に飛び乗る気分。子ども二人を両脇に挟み、ハンドルを強く握りしめる。沸々と増していった熱い情熱、アクセル全開で踏み出した当時の闘志は、一生忘れる事はありません。

秘伝！葬儀人材育成プログラム

葬儀のお仕事は、知識や経験が必須につき、素人がなかなか参入できず、若手を育てるには何年もかかる専門職種です。わたくしは人材が商品となる会社の立ち上げに向け、まずは短期で人材育成ができる仕組み作りが必要と判断。

毎晩お通夜が終わって帰宅し、子ども達を寝かしつけてから、その日に学んだ事をマニュアル化して、葬儀知識のない人でもわかりやすいテキスト作りに全力で取り組みました。

２０１３年１０月、プロ司会・セレモニースタッフ事務所 mc.VOICE を創立。

わたくしとアシスタント一人から始まった小さな事務所は、夜な夜な書き綴ったマニュアルが現場の即戦力になる弊社秘伝のテキストとなり、独自の新人育成プログラムで一気にスタッフを増やし、県内１０会場を超えるご葬儀式場様とご契約に至るまでに成長致しました。

弊社のご葬儀は「心からの感謝と最高のお別れ」を目指し、故人様のお人柄やご生涯を紹介するナレーション・司会と、一流ホテル並みの接客スタイルがご好評を頂いております。

亡くなってから出逢う故人様とのご縁を大切に、ご遺族様に取材をさせて頂きながら、故人様の「心」を言葉にして、ご参列の皆様に振り返って頂き、記憶に留めて頂けるよう誠心誠意で取り組ませて頂いております。

生き輝いた命・・・それぞれの生きかた、死にかた。

敬礼で送る七人のおじいちゃん

忘れられないお別れがたくさんございます。８０代男性のご葬儀には、故人様のご友人と思われる7人のおじいちゃんが、まるで同窓会のような賑わいで参列しました。

お別れの言葉では、故人様との涙あり笑いありの思い出話を披露。お別れの花入れには「ありがとう！　先に行って、酒の準備していてくれ」と大きな声で泣き語り、出棺時は敬礼で見送る。周りの目も気にせず、泣きじゃくり、精一杯の思いで親友を見送ったおじいちゃん達。

戦中戦後を生き抜き、娯楽の少ない青春を励まし合い、寄り添い生きてきた厳しい時代で、これほど固い絆で結ばれた友人がいた事を羨ましく、そして美しく尊い思いでいっぱいになりました。

ポストイットのラブレター

食堂のおかみさんだった70代女性は、身体の弱いご主人にかわって、闘病しながらも厨房に立ち続けた故人様。

自身の事はさておき、あとに残されるご主人の事を心配して、自宅の台所やリビングには、日に日にポストイットが増えていったといいます。

お茶の場所、ゴミ出しの仕方、通帳や印鑑のこと。そして押入れには、翌年入学式を迎えるお孫さんのランドセルや、お年玉、誕生日プレゼントが山ほど準備されており…

ご主人は、最後の挨拶で「自分のせいで妻が先に死んでしまった」と涙を流されました。

が、わたくしは感じます。奥様は、大好きなご主人のため、ご家族のため、想いを託し尽くす生き甲斐があったからこそ、ご自分らしく生きぬいた。愛に満ち溢れた最期であっただろうと。

心臓をえぐられるような「永遠の別れ」

「いってきます」と奥様へかけた言葉が最後となり、出張帰りの新幹線で突然亡くなった働き盛りのサラリーマンもおりました。

結婚式の準備に追われ、癌に気づかず新婚3か月で亡くなった花嫁さん。3人の幼いお子さんを養うため、病床から出勤して働き続けたシングルマザーの看護師さん。誰にも何も告げずに自害した中学生。２０才の女性、６０代のお父さん。一人暮らしを始めた矢先に交通事故で亡くなった車椅子の青年。ママに抱っこされたままご葬儀をした生後3か月の赤ちゃん。

決して忘れる事のできないお別れは数えきれません。テレビや映画ではない、生き貫き迎えた最期、生き輝いた真実のドラマがそこにはありました。どれほど生きたいと願い、祈り、どれほど生きなくてはならない理由、死ななくてはならない理由があったでしょう。

しかし何度叫んでも生き蘇る事はない。心臓をえぐられるような、まるで覚めない悪夢のように酷く辛い「永遠のお別れ」。

この世に生まれた命は必ず亡くなり、棺に入れ、火葬して、お骨を収めて葬られる。どんなにお金持ちの方も孤独な方も、誰の手も借りずに、たった一人で生まれる事もできなければ、一人で死ぬこともできない。「命の定め」とはそういうものなのですね。

いつか死ぬのだから

暗く低い慟哭が響き、亡くなった命と生き残された人達との残酷極まりないお別れから伝わってくる圧倒的なメッセージがございます。

大切な者と言葉を発せるうちに愛を語り、目が見えるうちに顔を焼きつけ、手足が動くうちに触れ合い、心が生きているうちに想いを寄せ、七転八倒してでも最期の一瞬まで精一杯生きなさい。

逃げたって、捨てたって、休みたいだけ休んだっていい。格好良くなくていい、真面目でなくていい、優等生でいる必要もない。笑えなくても、毎日泣いてばかりでも、誰がなんと言おうと生きなさい。自分の命も、家族や他人の命も大切に、互いの心を感じ、愛に満たされ生きなさい。

「いつか貴方も死ぬのだから、生きなさい。そして楽しみなさい。」

そう聞こえて参ります。

心に生き続ける

大切な人とのお別れは、本当に突然であり、無念で悲しいものです。

そのお身体とは永遠のお別れとなりますが、故人様が伝えてくれた教えや生きた姿を思い出すことで、故人様がいつまでも大切な方々の心に生き続けるとわたくしは信じております。

人は「心」で生きている。心に紡がれた命もまた、共に「心」で生きている。「心」から「心」へ紡がれた魂が、いつしか悠久を超え、また同じ時空を巡り生き逢えますように。故人様が身をもって示して下さった「生きて死ぬ」その教えに気づく事、それもまたご葬儀というセレモニーにおいて大切なテーマなのだと、日々感じております。

結婚式とお葬式

さて、お葬式と結婚式を承っておりますと、「両極端なセレモニーだよね」と言われることがございます。

新郎新婦は拍手で迎え、導師は合掌で迎える。結婚式は祝電で、お葬式は弔電。ウェディングベルの響きと木魚の音。喜びと悲しみ、幸せとお別れ。状況と感情は全く違いますが、心を寄せ合う儀式という意味では同様でございます。ウェディングでも、また、彩溢れる美しい笑顔と涙がたくさんございました。

二期倶楽部（那須）観季館の専属司会者を就任させて頂いた約8年間、わたくしは「想像をはるかに超える結婚式」創りに取り組んできました。上質を知り尽くしたゲストが集う空間は、最高級の接客を求められ、歓喜と感泣で心震わす最も特別なセレモニーに仕上げる必要がございます。

ウェディングフェス

若い頃から透析を続ける新郎が、学生時代に軽音部で出逢った同級生と結ばれた結婚式でのこと。

新郎の体調が良い季節に執り行われた披露宴で、「二人からの感謝フェス」と題し、新婦のピアノに新郎がボーカルを務めました。プロ顔負けのコンサートと、お二人の最高の笑顔。最後の新郎謝辞では、「皆様に伝えたい内容をまとめてきたのですが、こんなのいらない」と謝辞を書いた紙を丸めてポイと投げ「こんな俺と結婚してくれて、俺は最高に幸せです！みんなありがとう！」と涙を流し叫び、新婦を抱きしめる。ゲストも一緒に泣き笑った最高の結婚式となりました。

笑いあり涙あり、号泣結婚式

また、大家族に育まれた末っ子の新婦さんが感謝の手紙を読み上げた結婚式では、家族一人一人に想いが伝えられ、手紙が読み終わる頃には、ご両親はもちろん、祖父母も兄姉3人も立ち上がり、おいおい泣きはじめ、新郎新婦が両親へ花束を渡す頃には、新郎新婦それぞれの家族も抱きしめ合い、泣き合った事もございました。新郎新婦、そしてご家族・ゲストにも、寄り添い生きた真のドラマがあり、幸せに溢れる涙もまた、美しく輝かしく忘れられない感動がございます。

深い感謝をこめてセレモニーを

ウェディング事業

このようにして「人の心を動かす」施しに全力を尽くしてきたわたくしは、２０１９年ウェディングプロデュース事業として「create a wedding ～ ilcuore（イルクオーレ）～」を設立しました。

レストラン・カフェをはじめ、海、山、思い出深い場所やお店で、お二人の想いをカタチにする心からの結婚式・パーティにより、大切な方々へ感謝を伝える新しい結婚式の創生に励んでおります。

故人様が教えてくれた「生きる意味」を語り継ぐ

最後にわたくし事で恐縮でございますが、数年前に再婚しました。第三子に恵まれ、母として、司会者として、セレモニープロデューサーとして、経営者として、今もアクセル全開の毎日を過ごしております。

子ども達には、人はいつか必ず亡くなる事を、大切に伝えております。長女と同じ年齢で白血病を患った娘さんや、長男と同じスポーツ少年で骨肉腫でお亡くなりになった故人様。どなたも大好きな友達に逢いたい、学校に行きたいという思いを抱えながら、弱音も泣き言も一切言わず、ご自分の命の期限と向き合い、立派に生き抜いたご生涯でした。

若いからといって、一年後健康で生きているかどうかは誰にもわからない。だからこそ、**今この瞬間、自分がやりたい事に精一杯取り組んで、「心」が正しいと思う事に情熱を注ぎ、楽しく生きなさい。**

そんな故人様からのメッセージを、これからも我が子に伝えていけたらと思います。

また、血の繋がりがあってもなくても、互いを思いやり、笑いあい、心寄り添わせる日々の積み重ねが家族の絆となる事を、夫や子ども達が教えてくれました。家族皆、生きているだけでありがたい。生きていて良かった。一緒に生きてくれてありがとう。生かしてくれてありがとう。

世界でたったひとつ「GRATITUDE」のセレモニー

「GRATITUDE（グラティテュード）」とは、「深い感謝」という意味でございます。ブライダルとご葬儀、それぞれにある「真実のドラマ」。それは映画やテレビではなく、現実に輝く命の光と生き貫いた残光。その双方を知っているからこそ実現できる感動のセレモニーがここにあります。これからも心を動かす最高のひとときに精一杯の愛を込めて、それぞれの笑顔と涙に寄り添い、唯一無二、世界でたったひとつ、一度限りのセレモニーとなるよう、命を輝かすお手伝いをさせて頂けたらと決意致しております。

ブライダルでは、コロナ禍でも最高の喜びをカタチにする「コンパクトウェディング」や「wherever wedding ～どこでも結婚式～」「artistic photo wedding」を。

ご葬儀においては、いつか小さな葬祭ホールを創りたい想いが募っております。弊社ならではの心あたたまる「家族のためのお別れ」の実現を目指し、精進して参ります。

また、本の出版や講演会・メディア等を通して、故人様から教えて頂いた命の気づきをお伝えしながら、一人でも多くの方の心に彩り豊かな明かりを灯す事ができたらと願っております。

今まで携わらせて頂いた総数は、結婚式・新郎新婦1020組、ご葬儀・故人様3500人。その命とご縁・ご恩、そして手を差し伸べて下さった友人・クライアント様・仕事仲間・スタッフと家族、全ての皆様に心からの感謝を込めて、人生100年に寄り添わせて頂きます。

もし、何かに生きもがき苦しんでいる方や、新しい生きる道を選ぼうか悩んでいる方がいらしたら、ぜひこう伝えて下さい。

さぁ、ハンドルを握りしめ、いざ色彩豊かなワクワクする世界へアクセル全開！

何歳からでも遅くない、どんな過去があっても、どんな立場でも、
どんなに今がどん底でも、大丈夫。
自分の人生のハンドルを握っているのはあなたです。
長いトンネルを抜け、晴れ渡る青空めざし、突き進め！
生きている今を、精一杯生きて、楽しもう！

そして、命燃え尽きる最期の一瞬まで、泣いて笑って楽しんで七転八倒しながら、自分という世界でたった一つの「心」を輝かせ生き抜いて参りましょう。

北小路美紀さんの
ホームページはコチラ

p 135

「失恋」と「失職」のきっかけから開業３年で
生徒数 200 名のチアリーディングクラブの経営者に

チアリーディングクラブ
坂寄 愛里

Profile

株式会社フラタス　代表取締役

子どものときからの踊り好きが高じて、3歳から 15 歳までの子ども向けにチアクラブ「湘南オールスターチアリーディングクラブ」を運営する。社会人になりたてのときはキャリア志向だったが、失恋と失職を機に人生を見つめ直し、一念発起。起業当初は泥臭い営業やジリ貧生活を経験するものの、気合と根性と熱意で乗り越え、開業３年で所属生徒 200 名、スタッフ 12 名を抱える経営者となる。

message

小さなことから
まずは「やってみる」

p 136

キャリアウーマンに憧れていた

「踊る＝大好き」をシゴトに！

私は神奈川県湘南エリアで子どものチアリーディングクラブを運営しています。ローカライズした教育サービス事業を始めてから3年が経ちますが、現在、所属生徒200名、スタッフ12名という大所帯となっています。「湘南オールスターチアリーディングクラブ」のコンセプトは、スポーツを通じて子どもの社会的自立を支援すること。3歳から15歳までの子どもが、趣味から競技まで幅広く学ぶことができます。

「チア」という特殊な業界で事業を行うことになったきっかけは、私自身が踊ることが大好きだったことにあります。

とにかく幼少期から踊っていた！

私は、昔から音楽に合わせて踊っては大喜びしている女の子でした。小さい頃の将来の夢は、学校の先生やバレリーナ、ヴァイオリンの先生。将来住みたい理想の場所は、海があるところ。昔から「先生」「踊り」「海」が好きだったんですね。

幼少期に習っていたのはクラシックバレエ。4歳から11歳まで続けましたが、次第に先生や周りの友達との体型の差に気づき始め、バレリーナになるのは難しいことを悟ります。それでも踊ることを諦めきれない私は、高校でチアダンスを始めます。バレエの基礎や技が入っていながら、バレエとは違うダイナミックな動きや跳躍力。

力強い音楽やパフォーマンスに、パワフルで明るい元気な雰囲気。体型もバレエほど求められない。「自分はこれかもしれない！　やりたい」と一目惚れでした。

その後も、大学でチアリーディング部、卒業後はチアの社会人チームに所属し、青春のほとんどをチア活動に費やす日々。現役引退後は、子どもへのチア指導に熱を注ぎ、土日に教えるほか、副業としても子どもの指導に携わっていました。

キャリアの陰に潜むコンプレックス

踊ることが大好きだった私ですが、仕事に関しては一流企業で働くキャリアウーマンを目指していました。仕事が大好きな父の影響があったのか、高校生のときからなんとなく「ビジネスができる人になりたい」という想いがあり、大学では経済学部ではなく、経営に実践的な商学部を専攻。

大学を卒業して外資系ＩＴ企業の法人営業職として入社し、その後財務経理職で転職。キャリアアップの理想型を描いていました。当時の私は、自分がやりたいことというより、やっておくとよさそうなことを基準にキャリアを考えていました。「家族ができてもできそうなこと」「世界のどこにいっても職があり、転職しやすそうな職種」「ある程度お給料が安定している職種」といったように、履歴書映えする会社や仕事を選択したのです。

もちろんそれも仕事を選ぶ基準の一つですが、私の場合いつも根っこにはコンプレックスと違和感がありました。

周りの友人が優秀で素晴らしい人が多く、「自分も世間で評価される会社にいなければならない」という気持ちが強かったように思います。大学を留年していたことから、経歴へのコンプレックスも強かったのです。

今思えば、そんなところに人の評価基準を設定していた自分の偏った価値観の方が恥ずかしいのですが、２０代のころは周りに影響されたり、勝手に決めつけた価値基準で人と比較したりしがちでした。

仕事が最高に楽しいなんて、別世界の話？

学生時代を人より多く過ごした分、部活漬けの環境では考えられなかった出会いがたくさんあります。特に、起業した同級生たちの仕事を少しだけ手伝わせてもらった経験は、その後の私にとって特別なものでした。彼らはみんな「仕事が最高に楽しい」「失うことなんて別に怖くない」「失敗しても死なない」という、まさに超絶ポジティブなリア充ばかり。

エネルギーマックスでイキイキしていて、すごいなあと思っていたし、彼らのようなちょっとした世の中のマイノリティの人と話すときは心からワクワクしたものです。ただ、自分がその一員として仲間になる一歩を踏み出す勇気も理由もありませんでした。

社会人になってからも「私は今の恵まれた会社員の環境を捨てる勇気なんてないし、捨てたいとも思わない」と別世界の話だと思うようにしていました。「仕事が最高に楽しい」とは思ったことがない私にとって、一体あの人たちはなんだったんだろう？　としばらく理解不能でした。

恋と仕事を失ったとき

そんな私の転機になったのは、３０歳の頃。人生で一番の大失恋をしたことです。

パートナーと良い関係を築くための配慮を欠き、自分の気持ちを押し付けたために、とても優しかった相手のことをたくさん傷つけ、別れてしまいました。

それだけではありません。好きな人と幸せな家庭を築くために会社員という仕事を続けてきた私にとって、恋人との別れは人生すべてが否定されたような出来事。後悔と悲しみに明け暮れて何もできず、文字通り廃人状態。

人生のどん底にいるような気持ちになり、そのせいで会社に行けなくなり退職してしまったのです。「その程度で会社に行けなくなるとは」と、とてもお恥ずかしい話なのですが、当時の私にとって仕事をする目的はパートナーありき。

自分の人生と向き合わずして相手任せの人生を歩もうとしてしまっていた私にとって、「相手を失う＝人生の終わり」だったのです。

傷モノになった履歴書

そのときの私は、ようやく行きたかった業界・職種に転職して1年足らずで、ここからというとき。

その直前に転職に失敗し、1年未満で退職していたため、短期間での退職が2回も続くことは、今後のキャリアアップの可能性を閉ざされたことを意味しました。(当時の私の思い込みと当時の一般論であり、キャリアのありかたが多様化した今は必ずしもそうではありません)

プライベートでは大切なパートナーを、キャリア面では憧れだった会社での仕事を失い、絶望の淵にいた私ですが、必死で立ち直るためにこんなふうに思うようになりました。

キャリアもパートナーもすべて失ったので、もうこれ以上失うものがない、怖いものがない。それなら、これからはもう人生のボーナストラックとして、まったく違う人生を歩んでみてもいいのではないか…。

そこで、これまで大切にしてきた「転職のための理想的な履歴書」を捨て、自分の人生と向き合うことにしました。心の声に素直に動き、やりたいことをやってみよう。

そう決意した２０１７年の春、起業家の知人の会社に飛び込んだのです。

起業はキレイごとではない！

スーパーポジティブ、再び。

まず、かつての留学仲間が一人で経営するウェブマーケティングの会社でライターとして働きました。「世の中にはこんな方法でお金を稼いで生活している人もいるのか！」「社長だって、規模や目的を問わなければ案外誰でもできるんだ！」と目からウロコの日々。

もしかしたら自分の常識や価値観はとんでもなく偏っていたのではないかと気づきはじめます。

p 144

さらにフリーランスとして、ウェブサイト制作会社でディレクターの仕事をしたり、教育系ITスタートアップの会社で働いたりと、これまで接することのなかった世界の人たちと一緒に仕事をしました。

この経験はとても刺激的で、その頃には周りに独立する友人も増えていました。彼らが口にするのもやはり、「別に失敗しても死ぬわけじゃない」「迷ったらGO」「やらないよりやったほうがいいに決まってる」など前向きなことばかり。

昔なら理解不能だったその感覚が、そのときは「たしかにそうだよなぁ」と同意できるようになっていました。そのとき子どものチアクラブを作りたいと思っていた私は、そのことを起業家の知人たちに相談。すると、全員口を揃えてこう言いました。

「会社つくるのなんて紙切れ1枚だし明日からやれば？」

「え、どこらへんにリスクがあるの？笑」

「できない理由がよくわからん」

そんなふうに温かな（?）アドバイスをくれる仲間に背中を押され、年齢的にも最後のチャンスかもしれないと思い、7年間の会社員生活に終止符をうち、2018年3月に法人を設立したのでした。

経営者は孤独

チアクラブは、1年で100人ずつ集客し、最低でも200人を超える生徒さんを集めなければなりませんでした。そうしなければ、自分を含めたスタッフの生活を賄いながら理想の運営ができる組織にはできないと創業当初から考えていたからです。

そこでまず決めたのは、**現場の先生としてのレッスンは信頼している元チームメイトの先輩にお願いし、自分は運営側に注力すること**。自分が一人でチアの先生をすることで幸せにできる人数には限りがあるけれど、運営が得意な人と現場が得意な人がチームを組めば、より良いサービスをより多くの子どもたちに届けられるのではないかと思ったからです。しかし、独立した1年目、2年目は孤独感に打ちのめされました。

出店数、出店地域、出店の順番、料金設定、キャンペーンの打ち出しなど、戦略を考えるために起業家仲間やコンサルのプロの友人など仲間にたくさん頼ってきましたが、最後に決めるのは自分。レビューしてくれる上司もいなければ、自分の行動や業務量、成果を認識してくれている上司も同僚もいません。

同じ温度感で仕事に向きあえる仲間がいたり、普段の仕事環境を共有できる人がいるなど、会社という環境がいかに恵まれて、与えられていたものが多かったかということに気づかされました。

泥くさい営業

営業に行っても、大企業の名刺さえあれば話を聞いてもらえたかもしれないけれど、丸腰の私はまるで相手にもされません。地元のスタジオと契約をするために交渉に行ったときも、「売り上げをシェアするならそちらのマーケティングの戦略とそのKPIを知りたい。いつまでにどんなことを想定されていますか?」と質問してもほとんど答えてもらえません。「いったい小娘が何を言っているんだ」と思われたことでしょう。

悔しさが隠しきれず、大人気なく喧嘩腰になったこともありますが、時間をかけて結果で見せていくしかないと理解しました。家族団欒の温かい声が家のリビングから響いてくる年末の夜、寒くて暗い外でチラシをポスティングしていたこともあります。

私も家族とこんな時間を過ごしていたかもしれないのに、一人でチラシを何百枚も抱えて一体何をしているんだろうと不安と焦燥感で涙がでました。自分の足で歩いてお客様と地域のことをよく知るという目的もありましたが、創業当初はとにかく資金が足りず、ポスティングを外部委託するたった数万円も払えなかったのです。

安定したお給料なんてない

つい数ヶ月前までそれなりにお給料のいい会社で、福利厚生も社会保険も整っていました。それが、創業1年目の自分の給料は月5万円。（それでも払えなくて1年間未払いでした）

1年目、2年目に得た利益は、いいサービスを提供するためにすべて投資にまわし、自分のお給料を削りました。1年目の秋に一気に店舗を拡大したときは、予想外にかかる費用を想定できず、キャッシュが尽きてしまいそうになったこともありました。

スタッフの先生の信頼を失うわけにはいかないので、資金繰りにかけまわり、毎月必死に支払いを行っているうちに、自分は24時間働いても1円ももらえないし、一体何をしているのだろうと何度も涙しそうになりました。

会社も自分もお金がない！

会社のキャッシュが尽きそうだったときは個人の資産を投入し、自分の生活もギリギリ。

今思えばちゃんと借入をすればよかったのですが、当時の私は現場も運営も２４時間フル稼働だったので、借入作業が増えることの方が苦痛に感じていました。

ついこの前まで、友人や同僚と銀座や六本木の素敵なお店でランチやディナーを楽しめていたのに、そういった誘いもすべて断りました。仕事の合間のカフェはスタバから単価の安いドトールやマックに変え、外食を減らし、学生のとき以来電車の回数券を買って節約。

時間や資金に余裕がなく、人のために時間やお金を使ったり、ちょっとした配慮や思いやりを形にすることさえできない苛立ちや悲しさもありました。それでも、**これは自分で選んだことでいつか必ずこれを笑い話にできるときがくる、絶対に実らせる、今できないことも必ず倍にして恩返しできる自分になる！**

そう自分に言い聞かせ、毎日自宅への帰り道で自分を奮い立たせました。

走り続ける2つの「原動力」

そんな中走り続ける原動力となったものは2つあります。一つ目は、「**たのしい！ やりたい**」**という気持ち**。好きなことを仕事にできるって本当に楽しいんです。「仕事が最高に楽しい」と言っていた起業家と同じ気持ちです。

二つ目は、**現場スタッフの先生とチアを習う子どもたちの存在**です。こんな実績のない私と一緒に仕事をすることを選んでくれている先生の姿、子どもたちの楽しそうな輝く目やかわいい笑顔を見たら、次の日もまた頑張ろうという気持ちになれたものです。

仕事でうまくいかない時や辛い時は現場に行くことで、自分は一人じゃない、この子たちの未来のためにも自分はまだ諦めるわけにはいかないという強い気持ちを持つことができました。

現実なんてこんなもの

短期間で人数を集められたことに関しては、「コンサル会社にいたから」「集客に強かったから」等、いろいろ理由付けをされることがありますが、自分としては、「気合と根性と、良いサービスを追求し続けた」だけであって、何もスマートなことはしていません。

戦略を考えてはいたものの、きれいに考えられていたわけでも、すべてに成果がともなったわけでもなく、たくさん失敗しています。コンサルやITまわりを助言してくれていた知人たちとも何度もぶつかって、「なんでそんな儲からないことするの」と笑われたりもしました。でも、きれいな試算やデータだけで弾き出した数字からは想定できない「サービス品質」「情熱」「現場の熱量」というものがあります。

起業は元コンサルの人がむいているかと言ったら必ずしもそうではないと思います。実際にしてみたらそんなにきれいにロードマップを描けるような世界ではありません。最後はその事業に情熱があるかないかではないでしょうか。

私の場合、短期的に儲かるどうこうより、「**自分は絶対こういうサービスと価値をお客様へ提供する、それが必ず長期的に効果がある**」という信念だけは曲げませんでした。

起業して変わった「考え方」

中途半端なキャリアも掛け算すれば強みになる

実際に会社を作ってみて感じたことは、**これまで自分で「失敗した」「中途半端だ」と思っていたことも含め、すべてが役に立っているということ**。経験してきた職種は、法人営業、財務経理、ウェブマーケティング、ウェブサイト制作、ディレクター、BPOコンサルタント、そしてチアの先生です。短期間で退職したものが多いので、中途半端で失敗ととらえることもできます。

チアの先生だって、チアリーダーとしての実力や経歴が優れている人は世の中にはたくさんいます。でも、「これまでのビジネス経験×チアにちょっと詳しい」ならどうでしょう。

私のような人はそんなにはいない。**全部掛け合わせることで自分の強みにできる。**そう確信しました。

勝手につくった「優秀な人間像」

独立する前は、人と違うことにコンプレックスを感じていました。勝手に作り上げた「優秀な人間像」を追いかけて自分を変えようとしていました。例えば、私は昔から朝起きるのが本当に苦手です。大学生の頃は1限の必修授業に出席が足りず留年しており、そんな自分がとてもだらしがなく、評価に値しない人間だと思い苦しんでいました。

社会人になってからも、どうしても朝活や朝一番のオフィス掃除といったような、「優秀な人間はこうあるべき」「デキる人がやっている10のこと」などと本で言われている行動がしたくてもできませんでした。また、何かを同時並行で進行することも本当に苦手です。

「マルチタスク人間こそ優秀」という世の中の風潮に反して、元々私はどちらかというと職人タイプ。

一つのことに集中すると他のことが何も考えられなくなります。仕事を頑張ろうと思うと平日と休日のオンとオフの付け方もうまくできず、２４時間ずっと仕事のことを考え続けてしまいます。

当時の私は、そんな自分の弱みを克服し、企業で評価されるような優秀な社員でいようと必死。なのにそれがうまくいかなくて自分を責めていました。自己否定の気持ちが強くなるとメンタルバランスも崩しがちになり、悪循環でした。

変える→受け入れる

そんな挫折を味わううちに、**変えるのではなく受け入れた上で対策していくという考え方**に変わっていきました。たとえば、朝起きるのが苦手であれば、コンスタントに朝早く出勤しなければならない仕事をできるだけ避ける。

２４時間仕事のことを考えてしまう性格なのであれば、**「ワークライフバランス」ではなく、「ワークライフインテグレーション（仕事と生活の融合）」を前提とした働き方**を選ぶ。

現に、今の職場では事務系の仕事は完全リモートワークを推奨し、時間や場所は自分の裁量で決めて働くスタイルをとっています。

また、私は新規事業の立ち上げや新規開拓のための営業活動、人材採用、イベント企画運営といったプロジェクト単位でできる短期集中型の仕事を行い、普段のレッスンや事務、お客様窓口などの継続的な仕事はスタッフに任せています。

苦手なことに悩み自分を否定するより、得意なことに全力を注げる環境に身を置くことは、仕事を選ぶ上でもとても大切だと思います。私の場合、たまたま会社を立ち上げるタイミングでそれらのことに気づいたので、個性を活かして働く環境を整えることができました。

小さな得意と小さな一歩で良い

最後に、本書を読んでくださったあなたへ。**もし好きなことややってみたいことがあるなら、とても小さな規模でいいからまずはやってみてください。**

私も未だにわからないことだらけですが、やってみれば案外なんとかなるものです。

独立する前は、起業家はみんなとても優秀で人格者で、できた人間だから務まるのだろうと勝手に思っていましたが、前述の通り私は特に特別な人間でもなんでもありません。

立場が人を作るという言葉がありますが、その通り、やってみたら自然とそれに伴う課題に直面し、それに誠実に向き合い一つ一つ乗り越えていくことで自分自身がだんだんとその立場にフィットした人間に成長していくことができるのだと思います。

また、起業と一言で言っても何億円も資金調達をして上場を目指すようなスタートアップ企業から、私のように趣味レベルで小さく始める会社まで様々な規模のものがあります。

突然大きなリスクを被ってはじめることを前提にせずとも、小さくスモールスタートできる方法があることをぜひもっと多くの方に知っていただきたいと思っています。

特に女性にとってはライフプランやタイミングといった悩みが付き物ですが、女性のキャリアにはいろいろな形があっていいと思います。

起業や独立に関しては、**身近な「好き」や「得意」を掛け合わせていたらいつの間にか「会社」「組織」になっていた**…くらいの感覚でもいいのではないかと思っています。

すべての女性が素敵な人生を送っていけるよう、私の話が少しでも役に立てば嬉しいです。

坂寄愛里さんの
インスタグラムはコチラ

どん底から一転！約５万人に笑顔を届ける人生へ「ワーク＝ライフ」の新しい幸せのカタチを構築

スマイルライフアカデミー
佐藤 志穂

Profile

スマイルライフアカデミージャパン 代表

幼稚園教諭退職後2010年に女性の幸せと子どもの健全育成のため起業し、好き・得意の延長が仕事となる「 IKIGAI 」人生へ。１つの仕事に囚われない「ワーク＝ライフ」の新しい幸せのカタチを構築し、女性が輝いて生きる講座が人気急上昇。「笑顔のチカラ」講演会は国内外で５万人以上が参加。幼児教育・運動指導歴２３年／佐久市男女共同参画者事業者表彰授与／著書４冊・売上金一部寄付（UNISEF 等）NHK などメディア他多数。

message

いまこそ「笑顔のチカラ」で心豊かな人生を！

p 158

子育てのつまずきから起業へ

「笑顔のチカラ」は世界を変える

私は「スマイルライフアカデミージャパン」代表の佐藤志穂です。すべての女性の人生の輝きと子どもの笑顔があふれた社会の実現に向けた活動をしています。子育てに悩みを抱える方の心に寄り添い、励ますだけでなく、自身の内にある「幸せの種」を見つけ人生の花を咲かせる女性が増えることを願っています。

一方プライベートでは息子3人を育てる母親ですが、子どもたちの帰宅や休みに合わせて調整できるワークライフを実現し、過去にどん底を経験したからこそ後世に残してゆきたい「笑顔のチカラ」を世界へ発信しています。

全てはご縁の賜物であり、目の前の現実がぐんぐん伸びて広がっています。自分の可能性の種を信じ、一歩ずつ前へ前進できました。しかし、もともと子育ても仕事も笑顔でこなし、心豊かに過ごしていたわけではありませんでした。

結婚、妊娠、そして退職

短大卒業後、幼稚園に就職した私は、7年間幼稚園教諭として働きます。夢だった職業でもあり、自分でも天職だと思っていました。

しかし、ほどなくして人生の帰路に立ちはだかります。それは結婚と妊娠です。当時、女性は結婚もしくは妊娠したら退職の道を選択するという風潮が根強く残っていた時代。私も妊娠したことで、本気で人生の時間の使い方と自身の生きる道について考えました。

朝の7時に家を出て、夜8時過ぎに帰宅…この生活をしていたら我が子と過ごす時間は明らかに短くなる。「かけがえのない子どもとの時間を優先したい」

そう考えた私は、出産2ヶ月前に退職の道を選択しました。そのときに保護者の方からかけてもらった言葉は今でも心に残っています。

「園児の担任の代わりはいるけれども、我が子のお母さんはあなただけなのよ。だから安心して出産に臨んでください」

自分で決めた道なのに

決まった時間に出勤し退社していた生活から一変、自分で自分の一日の流れを決められる専業主婦生活へ。これまでと全くちがう時間の過ごし方は、自由な世界への入り口だと思っていました。でもいざ始まってみると、自由すぎる時間の使い方に戸惑います。

毎日行く場所もなく、昼間は一人で洗濯、掃除、食事の準備、誰が褒めてくれるわけでもなく、誰と話すこともない。

急激な環境の変化への戸惑いと、社会から必要とされていないんじゃないかという心の葛藤を抱き、私は生きる意味と女性のジェンダーギャップについて考えるようになります。

そしていつしか体の不調も招き、食欲もなくなり気力も失っていきました。社会から取り残された疎外感で体調を崩し、ストレスで母乳が止まります。2才差兄弟には怒ったりイライラしてばかり。子どもの寝顔を見ながら、「あぁ、今日も怒りすぎちゃったな」と自分で自分を責める日々。子どもが産まれて幸せなはずなのに、この生活を喜びに変えられない自分がそこにはいました。

社会との接点がほしくて起業

3人目を妊娠していた2009年、「社会との接点を取り戻したい」「同じ子育て世代のママ同士が繋がれる居場所を作りたい」という想いから、0歳～の親子向け「リトミックde運動あそび教室」を始めます。幼稚園教諭時代に目の当たりにした子どもたちの運動不足の改善、体力向上と健全育成につながると、思ったからです。

今思えばこれが私の初めての起業にあたるのですが、このときは「起業するぞっ！」なんて全く意気込んでいませんでした。**ただただ自分が社会との接点を取り戻したかった、我が子だけではなく地域の子ども達と一緒に育っていける環境を作りたい**。胸の中の小さな熱い思いから始まりました。

はじめはたった5人からスタートしたリトミック教室でしたが、口コミで広がっていきます。

その後、並行して幼児・小学生向け「えがお体育スクール」も始め、長野県内の保育園や幼稚園からの運動指導のご依頼をいただくなど、次第に活動の幅も広がっていきます。

笑顔習慣こそ最幸の子育て術

あるとき、障がい者施設で運動指導の講師を依頼された私は、利用者のみなさまの笑顔を引き出す方法を模索していました。**楽しいから笑うのではなく、笑うから楽しいと思える時間を一緒に過ごしたい**と思ったからです。

そのとき見つけたのが、「笑いヨガ」というものです。

笑いヨガとはインドの内科医マダン・カタリア博士によって考案された「笑う体操」と「ヨガの呼吸」を組み合わせた健康体操のこと。

「私が求めていたのはこの体操だ！」と感じた私は、インドへ渡航して学びました。

「笑う習慣」によって私の子育て観はガラリと変わりました。幼い我が子と過ごす中で子育てに対する心の葛藤を抱え、母として妻として行き詰まっていた気持ちがオープンになったのです。

たとえば、子どもが牛乳をこぼしたとき、無意識に「わ〜ははは」って笑って拭いていたんです。自分で「笑っている」自分にびっくり！子どもも怒らないママにびっくり！

ママが日々笑うようになると、今度は子どもが雑巾を持ってきて自分で拭くようになりました。ママが笑えば子どもも笑う。

かつての私はイライラしている自分に葛藤していました。**人は習慣化されて変化を「感じるまでに40日かかる**と言われています。

笑う習慣を身につけた私は、**日々の小さな幸せに気づき、小さな幸せの積み重ねが大輪の花となってご縁が繋がり、今の私が生かされています。**

「べきお化け」を手放そう

私の中に潜んでいた「~**するべき**」**お化け**が巨大化して日々自分で自分を苦しめていました。子育てはこうある「べき」この年齢の頃には○○ができる「べき」など。

子どもを自分が作ったレールに乗せようと勝手に頑張り過ぎていました。教諭時代に「全ての人は対等である」という幼児教育で学ぶ個人心理学者アドラーの言葉を糧に保育していたはずなのに、いざ我が子となるとできない葛藤の日々。

鏡を見たら笑っていない自分がいました。一方で保育園等運動巡回で出会う子どもたちの口ぐせに異変を感じていました。

「**できない**」「**でも~**」「**だって~**」**など否定語**を発する子どもの増加・体の内側からエネルギーの不足を感じずにはいられません。

子どもは育っている環境を選べない。**子どもは大人の**「**鏡**」です。

未来に夢と希望を持って過ごして欲しい願いを込めて「笑顔の大切さ」「笑顔のわかちあい」「笑顔の助けあい」を伝えています。その後、子育ての悩みは世界共通であることをオーストラリアでの公開講演で知りました。

親子のコミュニケーション減少や産後うつ・地域社会の横の繋がりの希薄化といった悩みの解決に役に立ちたい。幼児教育で培った経験と「笑顔のチカラ」で世界平和を願って過ごしています。

「幸せはあなたの心の中にあります。笑顔のチカラで世界を愛で満たしたい。」絵本「ほっほっははは」は世界中から「涙が出た」「子どもと笑った」と大反響をいただいています。

輝く女性の新しいライフスタイル

心の内にある幸せの種

「スマイルライフアカデミージャパン」は世界中の子どもを育むすべての大人の心が潤い、健康なカラダと笑顔にあふれたオンリーワンのライフスタイルを手に入れてほしいという想いを形にしたものです。ニーズに合わせた講座や、子どもから大人まで夢や希望を持てるような講演会・イベント企画・人の輪を広げ豊かにする活動等に取り組んでいます。

「スマイルライフアカデミージャパン」の講座では、あなたが本来持っているあなただけの「幸せの種」を一緒に見つけ、育てます。すべての人は自身の内に幸せの種を持っています。

「幸せの種」を見つけたたその瞬間から、人生はより良い方向へと向かってゆきます。講座を受けた方からは、すでに喜びの声が続々と届いています。

私たち大人が、自分だけのたった一度の人生を充実して生き、笑顔の花を咲かせること。その姿こそが、子どもたちの未来を笑顔あふれるものにします。

そしてその溢れ出た笑顔が地域へと伝染し、世界平和への扉を開き愛が循環する社会を作ってゆきたい。心の底から願って活動しています。

自己肯定感の低い子どもが育つのは大人の責任

幼児教育に携わって23年間、未来を担う子どもたちにとって最良の環境について考え続けてきました。**体を動かすと、レジリエンス力（困難に打ち勝つ力）が身について精神的にも強くなり、何事にも挑戦する意欲が湧きます。**しかし、今の子どもたちは、あまり体を動かさないために、運動不足で体力がありません。

それだけではありません。保育園などでの運動巡回をしていると、さらに危機を感じることが増えてきました。それは、子どもたちの精神的な力の低下やマイナス思考、否定的な言葉を聞く回数が年々増加していることです。

今、先進国でもっとも自己肯定感が低いのは日本の子ども達です。**ありのままの自分を愛せない、自分に自信のない子どもたちを育てているのは大人。**純粋無垢な子ども達から出る言葉は社会のSOSなのです。

私たちは、自身の生きてきた価値観や世界観で子育てや日常の生活を送っていますよね。まさに色眼鏡をかけて生活しているんです。「自分が英語ができなかった分、子どもには話せるようになってほしい」などと、目の前の子どもに自分の理想を当てはめていませんか？

それは今、子どもが本当に心からやりたいことなのでしょうか？

女性の働き方改革

私は、一つの仕事に囚われない女性の新しいライフスタイルを模索してきました。

かつての私が経験したように、結婚・出産を機に「自分の人生」について考える女性は多いと思います。

私自身、社会から取り残された疎外感で体調を崩し、ストレスで母乳も止まったことで、自分の気持ちと向き合う機会を得ました。

そして、人生の中で何を一番大切にしてゆくか、どのようにしたら理想のワークライフバランスに近づけるだろうかと、日々自分の心と向きあいながら女性の働き方の意識を変えることができました。

かつて、社会との接点をなくし自分の存在価値を見失い、どん底に落ち毎日泣いていた経験があるからこそ、今度は、笑顔をわかちあえる場所を作り「誰もが心穏やかに」過ごして欲しい、ママが笑顔でいることは、まさに「子どもの心の栄養源」です。

今、「私はここに生きている！」と実感できるようになりました。妻であり、母であり一人の女性として「わたしらしく美しく　羽ばたく人生」を送っています。

同じ思いの女性が手を取り合って励まし合って「あなたらしく美しく羽ばたく人生」を紡いでゆきましょう。我が子にも後悔しない人生を歩んでほしいから、自分の背中で人生の楽しさや喜びを見て欲しい。現在長男は、高校野球部強豪校に入部し、自分の道を自らの力で切り開いていています。

あなた自身が喜びに溢れた心豊かなライフスタイルを過ごしてゆくことこそが未来の子どもたちが夢や希望を抱き人生を豊かなものにしてゆくのです。

ここ数年特に、出産後に職場復帰する女性の割合が増えています。

しかしそこで聞くのは、仕事と育児の両立の壁に嘆く声。同じ場所、決められた就労時間の中で働く以外にも、私のように「好き」を追求した結果、多様な働き方が構築されていくこともあります。

あなたは今、なんのために働いていますか?

心から本当にそのお仕事が好きですか?

誰とどんな時間を大切に過ごしたいですか?

心の声に耳を傾けてみてください。自分の人生の可能性に蓋をしないでもっとあなたらしく輝いて過ごして欲しいと願っています。

足踏みしているあなたが今できること

「幸せの種」は子ども達の希望の光

私が講演会や講座などでいつも伝えているのは、笑顔と心が豊かであることの大切さです。高度成長期以降の幸せの基準は、物質的・金銭的な豊かさにありました。が、1年前は想像もできなかったマスク生活を送る今、時代は大きな変革期にあります。

幸せの象徴、幸せの基準は、ありのままの自分を認め、自分らしく生きてゆくことへと変化しています。そしてそれは「家族みんなが安心・安全」という土台があってこそ成り立つもの。

フリーランスとなってから、子どもの運動と心の発育の関係性、女性が孤独を感じずに子育てができる環境を作るために必要な学び子どもが夢を抱き、大人の姿を見て憧れを抱く　大人の意識改革の大切さに気づき、学び実践し積み重ねてきました。

書籍の出版、海外講演の他さまざまな節目で最高の仲間と出会えたからにほかなりません。みなさまのおかげで私の小さな熱い思いが世界へと羽ばたいていることに、ただただ感謝しかありません。残りの人生は、女性と子どもたちが未来に夢と希望を持てる社会作りのために捧げたいと思います。

あなたの心の中にある「幸せの種」を一緒に育ててゆきたい。**あなたの幸せの種が成長することは、子どもたちの希望の光へとつながります。**

心の幸せ指数を高めることから始める

今、自分の中で何かが引っかかっていて踏み出す勇気が足りないのなら、その気持ちを大切にしてください。今すぐGOが出ないときもありますよね。

１７年前の私も、前に進む勇気すらわきませんでした。

そんなときは、足踏みしている要因や自分の中でひっかかっているブロックを一つずつ見つけることからはじめてみてください。たとえ今辛くても、後から大きな宝物だったと思える日が来るでしょう。

思い悩んだときは、まずは**深呼吸**をしてみましょう。心臓の鼓動を感じ、身体の温かさを感じ生きていることを感じてみてください。

そして、日常の中にある「当たり前」に目を向けてみてください。

身近な人やモノを大切にし、「心の幸せ指数」を高めましょう。

それでも辛いな、苦しいなと思うときは、**空を見上げてみましょう**。自分の悩みってすごく小さなものなんだな〜と感じますよ。そうして自分の心が自然と浄化されるはず。

喜びのときも悲しみのときも、見上げる空は広大でいつだって私たちの心を包んでくれます。私は昔から空を見上げるのが好きでしたが、４３年の月日が経っても、空は変わらずに私を見守ってくれています。

もしも一人で悩んでいたら、**友達や身近な人に夢や希望を話して視点を変える「未来会議」**をしてみましょう。

人間は、自分の価値観の中でしか過ごしていません。十人いたら十人肌の色・髪質・顔・性格が違うように、考え方や見え方は人によって違うもの。

未来会議はきっと、一歩踏み出す勇気をあなたに与えてくれるでしょう。

それから、「ワクワクする時間」「癒される時間」を見つけて時間を作ることもおすすめします。大人になると、本来持っている無邪気な心を忘れてしまい、いつの間にか疲れ果てて心の花が枯れていることがあります。

無邪気だったあの頃のような好奇心、子どもの頃のワクワクした心を思い出すことをおすすめします。

苦しい時こそ視点を変えて「今を生きる」

人はつい目の前の苦しさばかりに目がいってしまいがち。過去の私も、あの時こうしておけばよかったな、と戻れない過去にばかり目がいって現実逃避していた頃がありました。

しかし、長い目で見れば、今おきている苦しみや悲しみ・葛藤は人生の一ページに過ぎません。

自分の人生は自分で作り出すもの。過去でも未来でもなく、「**今この瞬間**」**が幸せで満たされることが大切**です。今の生活の中で「この瞬間」に「小さな幸せ」を見つけて過ごすことこそが未来の自分を形作ってゆくのです。

「あの時こうしておけばよかったな〜」と人生を後悔しないためにも、今、この瞬間、目の前に起きている現実に目を背けるのではなく、角度を変えて見てみてほしいと思います。

それに気づくことができると、あなたらしい人生を歩んでゆけることでしょう。

p 176

幸せの積み重ねが「明日への扉」を開く

あなたの人生はあなただけのもの。

人生は、自分で創りあげることができます。

今日一日の幸せの積み重ねが明日への未来の扉を開きます。

この本を手に取ってくださりありがとうございます。今日という日が、あなたの輝く人生の扉を開く記念日になりますように。いつもあなたの幸せを願っています。

また出版にあたりＲａｓｈｉｓａ出版様はじめ、１８名の起業家女性の皆様との素敵なご縁に心から感謝申し上げます。

佐藤志穂さんの
インスタグラムはコチラ

輝く女性 file No.9

経験を味方に楽しく生きる方法を
見つけながらサロン経営をスタート！

エステティックサロン
茂森 才理

Profile

esthetic salon vinos　代表

保育士として働いていた頃に交通事故をきっかけに退職。自分を見つめ直し、美容・健康に携わることをしたいという想いからスクールに通い始め、バストケアに出会う。「自分も周りもハッピーに」を人生のテーマに、エステティックサロンを２店舗経営しながら心理学やカウンセラーの勉強も始める。現在は自身のブランドを立ち上げ、下着の開発事業の代表も務めている。

message

自分の気持ちを大切に生きることが
「私らしく生きる」

人生は何が起こるかわからない

「本」は一つの出会い

私は滋賀県在住で滋賀県と京都府でサロン経営をしております、茂森才理と申します。経営を始めてからもうすぐ2年と、経営者としてはまだまだ。至らないところがたくさんあることは重々承知の上で、今回ご縁をいただき、この本の出版に携わらせていただきました。ですので、本書では、経営者としてではなく**ひとりの女性として**「**自分らしさ**」**を大切にした生き方**をお伝えすることができれば幸いです。私は、本は一つの出会いだと思っています。本を読むことで素敵な言葉に救われたり、共感したり、今まで自分になかった視野や踏み出す勇気を手に入れることができ、自身をパワーアップさせてもらえます。

どうか私の発信が少しでもみなさまにとって素敵な出会いになりますように…。

自分と向き合えた瞬間

私は、現在30歳です。少し前までは、「いつかなんとなく」で過ごしてきました。いい歳になれば当たり前に結婚をして子どもを産んで、世間で言う「普通」に暮らすことができるだろう、と自分の未来に漠然とあぐらをかいていました。

ですが、そんな保証は誰かがしてくれるものではなく、**すべて「自分次第」**。

そんなことに気がついたのは26歳のときでした。

子どもが大好きで保育士として仕事をしていた私は、ある日交通事故に遭いました。生身で後ろから車に飛ばされるといった事故でした。その瞬間の痛みや記憶はありません。一瞬で当たり前の日常が変わった瞬間でした。

ただただ、何が起きたのかわからず、目は開くのに体が動かなかった瞬間の恐怖、その後の吐き気、めまい、痺れといった生まれて初めての感覚は、今でも鮮明に覚えています。

幸い命に別状はなく、一時的にＩＣＵに入っていたものの無事退院。１年半弱ほどリハビリに通い、身体は時間と共に回復していきました。

今では笑い話や自慢のように話にしていますが（笑）、本当によく生きていたなぁ、とつくづく自分でも思います。

この事故をきっかけに、**今まで「なんとなく」で生きてきた自分自身と初めて向き合いました**。

いつ死ぬかわからない現実を身を持って体感した私は、自分の今までとこれからの「生き方」について考えました。「当たり前が当たり前でない」「健康に勝るものなし」こんなことを本気で考えるようになった出来事でした。

仕事を辞めた私は、時間を持て余し、ゆっくりと過ごしました。

私にとってこの時間は、今思えばとても大切な時間だったように思います。

この頃仕事を辞めてみて気づいたことは、私は「ラク」がしたいのではないということ。

忙しく仕事をしてきたからこそ、**辞めてみたからこそ、**「**私は**」「**私自身が**」「**楽しい！**」**と感じることに重視して生きていきたい！**と思いました。

しかし、当時の私は思い通りにいかない自分の現状を周りと比較しては自信を無くしていました。

また、後遺症として手の痺れや首の痛み、たまにある吐き気、これらは神経系の症状なので、周りからは理解してもらいにくいものであり、周りに自分の気持ちをわかってもらえないことへの苛立ちもしょっちゅうでした。

その一方で、周りからどう思われているのかというのをとても気にしていた時期でもありました。

普段の性格が割とヘラヘラしているほうなので、後遺症や将来への不安といった心身のダメージなんて嘘だと思われているのではないか、「自分が」よりも「周りが」を重視していたように思います。

事故と退職で、私の心は今までにない孤独や不安でいっぱいになり、いつしか自分の思いや軸が見えなくなっていたように思います。

過去から未来に目を向ける

心が不安定でネガティブになっていた私は、実は精神科に通う時期もありました。

そこで　初めて受けたカウンセリングは、何をどうするわけではなく、ありのままの私を受け止めてくれるところでした。

「私は私でいい」この言葉の本当の意味を理解し、物事のとらえ方や受け取り方が少しずつ変わっていきました。

そして、私は一冊の本に出会います。その本には、「**誰かが自分の人生を変えてくれる、幸せになれるのを待つ、それでは何も進まないし何も変わらない**」ということが書かれていました。

何かしたいとは思っていても何をすればいいのかわからない、前へなかなか踏み出せなかった私に突き刺さった言葉でした。

何もしなくてもいつか自分は誰かに幸せにしてもらえる、なんて心のどこかでそう思っていた自分がいたからです。同時に、**これからの自分の行動でしか自分の人生を変えることができないのなら、「今」できることを私なりに行動しよう**と思いました。

その後もたくさんの本を読みました。今まで自分になかった価値観や考え方、捉え方、いろいろな角度での物事の見方。

すべてが新鮮で面白く、自分の視野の狭さや考え方の偏りを思い知らされました。そして徐々に、悔しかったことも悲しかったことも辛かったことも全部、お金には変えられない大切な経験や感情であったのだととらえられるようになっていきました。

ありのままの自分を少しずつ受け入れる。これは私にとってとても難しいことでした。そんな中少しずつ自分の心と身体を理解し、受け入れながら考えました。

「**私はこれからの人生何がしたいんだろう**」

過去ではなく自分の将来、これからの人生について。

「やりたい」をすべて行動する

私が選んだのはバストケア

何をしたいのかを自分自身に問いかけたとき、「**人に良い影響を与えられる人になりたい**」という答えが私の中から出てきました。そして、せっかくなら美容や健康に携わることをしたいと思い、美容の知識を身につけるため27歳からスクールに通い始めました。

スクールでは10代の子もいれば50、60代の方もいました。独身の子も既婚者も、バツイチの方もいました。

みんなそれぞれ人生のストーリーを持ってここに来ている。結婚してもしなくても、子どもがいてもいなくても、生き方は自分次第。

今までなんとなく「20代後半になったら結婚が普通」なんて漠然とあった勝手な自分の固定概念や視野の狭さを改めて痛感しました。私にとって新しい世界でした。

スクールに通い出してからは、一つ一つの行動が少しずつ自分の自信になっていきました。スクールの他にもいろいろな勉強をしに行ったり、**自分の「やりたい」をすべて行動に移していく**ようになりました。

いろいろな勉強をする中で出会ったのが、バストケアです。バストって、知れば知るほど奥が深く、興味深いもの。しかも、バストの悩みは自分にしか分からないコンプレックス。そのコンプレックスを改善することができれば、お客様の気分をあげること、自信をもつお手伝いをすることに繋がります。

それは、私がしたい「人に良い影響を与える」ことそのものです。

「こんな素敵なことはない！」そう考えた私は、バストケアのサロンを始めることを決意します。といっても、まずサロンを始める前にお金がかかりますよね。このとき生まれて初めて金融機関から融資を受けました。

不安で眠れない日もありましたが、「**私の気持ちを私が大事にする**」、**そして、「たくさんの人に良いものを発信していきたい」という自分の想いを優先し、一歩踏み出しました。**

自分の心に寄り添うことの大切さ

そうやって始めたバストサロンですが、仕事をしていて気づくことは、私は「**仕事が好き」なのではなく「人が好き」ということ**です。もちろんバストのプロとしてお客様の悩みを改善することが仕事なのですが、それ以上にサロンに来てくれるお客様の人生を大切にしたいと心から思って接客させていただいています。

いつもお仕事や家族を最優先しているお客様も、サロンに来てくださっている時間だけはせめて「自分を大切にする時間」にしてもらいたいのです。

お客様の人生そのものを大切にするためにもっとも重要なのは、実はバストケア以上に心のケアです。苦しいときに話を聞いてもらえる場所、吐き出せる場所があるだけで、楽になれることってたくさんありますよね。私自身がそうでした。

身体のことも、仕事も恋愛も家庭内のことも、幸せに過ごすためのキーワードはいつだって自分の心の中にあります。ですから、何をするにしても、まずは「自分の心に寄り添う」ことが大切であると思っています。

「まずは自分を大事にしてほしい」、そうすることで幸せって連鎖すると思うんです。心のケアの重要性に気づいたのは、あの事故の経験からです。

「**いつも前向き**」**は私の中での理想**です。でも、決して「後ろ向き」がダメなわけではないこと。生きていれば誰だって、泣きたくなることも逃げたくなることもあります。自分がどん底のときは、誰かからアドバイスや前向きな言葉すら響かないことだってあります。

前向きになりたいのになれない、そんな自分に嫌気がさして自分が嫌いになってしまいそうになる、そんなことも私は今までに何回もありました。

そういうときがあってもいい、そんなときはとことん吐き出して泣けばいい。「今はそういうとき」と受け止めてあげればいい。そこから何か気づくことがあるかもしれないし、時間がかかっても少しずつ前に進めたらそれでいい。

その経験って何にも変えられない自分自身の財産だと思うんです。いつか誰かに共感してあげられたり、今まで考えなかったことを考えるきっかけであったり。

「**経験**」**ほど**「**人としての魅力**」**を輝かせるものはない**と思います。もし、私が事故当時の自分に会えるとしたら、ひたすら話を聞いてあげたいし、弱音を吐かせてあげたい。「**どんな私**」**も大事にしてあげたい**です。そんなことを現在心理学やカウンセラーの勉強をする中で日々学んでいます。私がたくさんの言葉に救われたように、誰かの「心」に響く言葉を伝えられるような人になりたいと思っています。

「やってみたい」を行動に、挑戦へ

そんな私は、現在は下着の開発の事業の代表をしています。ブランド名は「ｐｏｎｏｒｅａ」です。「ｐｏｎｏ」はハワイ語で「地球上すべてのものが本来あるべき姿、ちょうど良いバランスぼ状態であること」「ｒｅａ」は「幸せ」「幸福」という意味があります。「ｐｏｎｏｒｅａ」は「本来あるべき幸せ」という想いを込めて立ち上げたブランドです。

そして今開発中の下着のテーマは「**自愛**」です。

下着って服を着ちゃえば人から見られるものではないけど、毎日必ず着けるもので、一番肌に触れるもので、だからこそ自分自身でこだわり抜いたものを使ってほしい。

下着を選ぶポイントって、今までの私は「これ可愛い！」だけで選んできました。でもバストサロンを始めてからは、重視したいところは機能性。そして、人それぞれ骨格や脂肪量、バストの形が違うので「ズレてくる」という下着のお悩みをたくさんお伺いしました。

だから私が作りたい下着は、まず「可愛い！」と思って手に取ってもらったときにワクワクする下着、機能性が十分に優れてズレにくい下着、「わたし」そして「あなた」に合った下着、こんな下着を自らが作り出し、「たくさんのお客様に発信したい！」そんな思いから下着の開発を始めました。下着って自己満足ですが、自己満足ほど自分で自分を愛する表現はないと私は思います。

「心地の良い付け心地」といってもその感覚は人それぞれ違います。その自分の感覚すらも愛してあげてほしい、「自愛」を大切にしてほしい、そんな想いの詰まった下着をご購入くださった方が、今よりももっと自分のことを大切に、愛せますよう、そんな想いが届きますように。そして、これは私自身にも言えること。この下着が完成している頃には、今よりもっともっと自分のことを好きになってあげられている私で在りますように。

（ｐｏｎｏｒｅａ Ｊｉａｉブラ　２０２１年　夏〜秋にかけて販売予定）

自分も周りもハッピーにする大切さ

「私らしく生きる」とは？

「**自分も周りもハッピーに**」これが私が決めたきっとこれから先もぶれることの無い人生のテーマです。「結婚してないから」「お金がないから」「彼が～してくれないから」などといった言葉をよく聞きますし、私も言っていました。

幸せの形や価値観は人それぞれ。私の幸せはどこの誰でもなく私が決める。悩んだ時は「私はどうしたいんだろう？」といつも自分に問いかけます。だからこそ、「**素直な自分の気持ち**」**を大切に生きることが**「**私らしく生きる**」ということであると思います。

「周りがこうだから」「こう思われたくないから」などと人の目を気にして自分が引っ込んでしまうことほどもったいないことはないし、周りに左右される人生よりも「私らしい生き方」の方が人生よっぽど楽しいはず。**いつだって主体は自分である**ことを意識してみてください。

最近、外面と内面って本当に繋がっているなぁとつくづく思います。外面が輝いている人は中身もキラキラしているし、内面が輝いている人はやっぱり自分を大切にしています。自分で自分を満足させてあげる方法を知っている人は、きっと自分が軸で幸せな生き方をしています。

無駄なことは一つもない

私は、今の仕事が本当に大好きです。サロンを始めてからたくさんの出会いがありました。出会いとは本当に私を成長させてくれるもので、すべての出会いが必要で意味のあるものばかりであったと思います。

仕事もお客様も仲間も今ある私も周り全てが大好きで、この環境に日々心から感謝をしています。そして、今までの自分にも感謝しています。悲しかったことも辛かったことも悔しかったことも、全部今の私にとって必要だったと思えるからです。

4年前事故に遭ったことで、人はいつ死ぬか分からないという現実を体感しました。しかしそれは、自分の心と身体と、そして「これからのわたしの人生」と向き合うきっかけになりました。

小さい子どもさんがいらっしゃるお客様には、保育士としての経験から子育ての悩みをお聞きすることもあります。

ネガティブ期に入っているお客様には、自分が受けていたカウンセリングのようにとことん話を聞いて吐き出す場所にしてもらえるよう努めます。

ときには「私なんか車に轢かれて死にかけたことあるんですよ！」なんて自分の体験を励ましの言葉に使ったりすることもあります（笑）。

こんな風に、今までのすべての出来事が私の人生にとって必要で必然だったように感じます。これからもきっと、落ち込むことや悲しいことや辛い経験もたくさん訪れることと思います。でも、いつかはどんな経験も必ずしもすべてが私の味方になると信じています。

初心を忘れずに

サロンを経営してもうすぐ2年、関西圏に2店舗サロンを構え、下着の開発をしている現在。４年前の自分と比べてみると考えられない状況です。が、**ひとつひとつの私の経験があって、行動があって、「今」を作っている**と実感しています。

以前は見えない将来や未来が不安でたまりませんでした。でも今は、自分の将来やこれからの人生が楽しみでワクワクしています。仕事はもちろん、遊びも全力で、まだまだ「わたしの人生」を「私が」豊かにＨａｐｐｙにしていきます。

「もっとこうしたい」、「こうなりたい」、この想いを私自身が大切に、益々いろいろなことに挑戦し、自分の経験や行動、発言や学び、考え方で、描いた自分に近付いていけますように。

今後は美容の仕事にとどまらず、今までの私の経験全てを活かした活動もしていけたらと考えています。

ほかにもまだまだ挑戦したいことはたくさんありますが、そのベースにいつだってあるのは「人に良い影響を与えられる人になりたい」「人を前向きにしたい」という初心の想いです。

「自分も周りもハッピーに」をモットーに、「わたしらしい生き方」を、発信し続けていきたいです。最後になりましたが、この本を通してみなさまとの素敵なご縁に心より感謝です。最後まで読んでくださり、ありがとうございました。

茂森才理さんの
インスタグラムはコチラ

輝く女性 file No.10

全ては「言葉が好き」から始まった
ライター未経験でも副業からスタート！

フリーライター
そらい なおみ

Profile

ライター＆フォト Sorai

フリーライター、フォトグラファーとして、複数企業さまのライティング、取材、ディレクション業務、写真撮影を行っている。「言葉で誰一人、傷つけない」をミッションに、わたしたちに与えられた美しい言語「日本語」を使うお手伝い、そしてイメージの具現化を通じ、より豊かで深く認知し合えるコミュニケーションを実現し、思い描いた未来につながるよう貢献している。

message

自分の人生の舵を
自分で取ってみる

p 196

はじめに

現在、私はフリーライター、フォトグラファーで生計を立てています。私がライターになりたいと思ったのは今から10年以上前のこと。

当時私の地元にはライターの会社がなく、ライターという仕事も広まっていませんでした。認知度が低い仕事だったからか、「無理じゃない？」「どうせ何にもなれない」という言葉をかけられたことも多々ありました。

そんな無責任な言葉の信憑性を確かめたくて駆け抜けていたら、今に至ります。

言葉の力って凄いんですよ。無理と言った瞬間に無理になるし、できると言った瞬間何でもできることになるのです。

私はライター講座のようなものに通ったこともありませんし、編集やライター業務をする会社に務めたこともありません。

ただただ、言葉が好きで言葉は人を幸せにできるツールだと確信し、まずは単価が決して高いとは言えない副業から始めました。

空いた時間を使って記事を書いていくため、スマートフォンのメモ帳は記事でいっぱい。休みはほぼなしという数年間が続きました。今でも、移動時間に記事を書く癖が抜けません。

独立して今年で5年となりますが、私のパートでは次の3部構成でお話ししていきたいと思います。

①仕事をする上で大切にしている5つのこと
②今後のビジョン
③独立や企業を考えている女性へのアドバイス

仕事をする上で大切にしている5つのこと

納期や約束は必ず守る

ライターは常に締め切りがある仕事ですが、私は独立して一度も自己都合で納期延長をしたことがありません。

多くの仕事に関わっていると納期延長を平気でする方や予定変更が多い方に出会います。人それぞれ重視したいことは異なるかと思いますが、私なら納期や約束を守らないことは自己管理ができていない、自分を客観的に見れていないと捉えられてしまうと考えます。

仕事に期限を設ける

ライターやフォトグラファーは、時間をかけようと思えばいくらでもかけられる仕事だと思っています。だからといって1つの仕事に何日も取り組んでいては効率が悪く、収益につながりません。そこで1つ1つの仕事に期限を設けて、質を低下させずにどこまで集中できるのかという課題を常に課しています。

複数のスキルを味方にする

「ライターなんて誰にでもできる」という言葉を痛いほど投げかけられてきました。大人になればたいていの方が文章作成ができるようになるので、この言葉はあながち間違っていないと思います。

だからこそ自分だけの強みがないと、次の仕事につながりません。私の場合はライタースキルと写真撮影やPhotoshopなどでの画像作成を組み合わせて付加価値を提供できるようにしています。

言葉の行方を想像する

ライターは、自分の書きたいことを書くことが仕事ではありません。クライアントさまの意図を把握し仕上がった記事の先にはどのようなユーザーがいるのか、どのような行動につながるのか、そして最終的にクライアントさまにはどのような成果を残せるのかなど、記事の先にいる人たちを想像して書くことが仕事だと思っています。

「**言葉で誰一人、傷つけない**」**をミッション**として仕事をしていますが、**言葉の行方を想像することで選ぶ言葉も変わってくる**と思います。

楽しく仕事をする

仕事をつまらないもの、大変なものにするのは自分自身だと思うので、私は楽しく仕事をすることを大切にしています。苦労話でつながるコミュニティよりも、楽しさや未来へのビジョンでつながるコミュニティのほうが好循環が生み出せると思います。

p 202

今後のビジョン

前に進み続けるためには、**現状把握と今後のビジョンが大切**だと感じています。今後のビジョンとして、最終的にどのようなことができればいいなと感じているのか、どのような社会になればいいなと思っているのかまとめてみました。

ライターの価値や地位を底上げしたい

昨今は副業ブーム真っ只中で、副業と言えばライターという印象を抱いている人は意外と多いです。

確かに案件によっては週末を利用してできる場合もありますが、手軽にできる仕事＝ライターというイメージがついてしまいました。実際に「しっかりとライターをしていても、イメージが変わってきて困っている」という相談を受けたこともあります。

私はライターを取りまとめるディレクターとしての業務も行っていますが、適当に仕事をしている人としっかり仕事をしている人の差はとても大きいです。

だからこそ、本当にライターとして頑張ろうと思っている方たちの地位や価値が下がってしまうのはとても悲しいことだと思います。誰でも参入できる市場となったからこそ、ライターの価値や地位を損なわないようにしていく取り組みが必要だと痛感しています。

今後、スクールやコンサルなどでライター力の向上に携わっていければと思っています。

社会貢献を続けていきたい

売上の一部を「公益財団法人どうぶつ基金」などに寄付することを継続しています。

「まったく関係のないことに寄付をしている」と言われたことがありますが、根底では同じ問題を抱えています。

どうぶつ基金で救っている犬や猫など動物の命は、元を辿ると家庭で飼われていた動物が多いです。いろいろな事情はあると思いますが、都合のいいときだけ可愛がり条件が合わなくなると捨てるというのは想像力が欠如していると思います。

命の重さに優劣はないと思うので、自分を着飾るアクセサリーのように扱ってほしくないです。

同じように、言葉も都合のいい使い方をしてはいけないものです。

「言葉で誰一人、傷つけない」をミッションとしているとご紹介しましたが、私自身も誹謗中傷を受けたことがあります。

都合のいいときだけきれいな言葉を使っても、相手を傷つける言葉を平然と使ってしまうようでは目に映らないことをいいことに人を攻撃していることになるでしょう。

傷つけ合うような社会を作らないというミッションに基づいた思いから、社会貢献活動にも力を入れていきたいです。

二足の草鞋、三足の草鞋を履く人が活躍しやすい世の中に

パラレルワーカーという言葉が誕生し数年が経ちますが、いくつもの業種を掛け持ちして豊かな人生を歩むという生き方がもっと普及したらいいなと思います。

先ほどの副業の話と矛盾すると感じる方がいるかもしれませんが、責任を持って仕事ができ、技術や知識が長けているのなら、いくつもの業種を掛け持つことが可能です。

私自身は作家としても活躍しており、国内外で展示をしています。しかし、この話が先行してしまうと「ビジネス向けの表現ができないのではないか」「アートと仕事は違う」と捉えられてしまうことがあり、実際に悔しい思いもしてきました。

まったく違う業種を併せ持っていても、それぞれしっかりと使い分けられる人は大勢います。選択肢を狭くするのではなく、互いの長所や技術を認め合い化学反応を楽しめるような世の中になっていったらいいなと感じています。

独立や起業を考えている女性へのヒント

最後に、僭越ながら「これから起業をしてみよう」「起業に興味がある」と考えている女性に向けて、私の経験や感じたことをもとにいくつかアドバイスできればと思います。

私の主観となるので、こういう考え方もあるといった軽い気持ちで参考にしていただければ幸いです。

せっかく起業をするなら、高い目標を設定する

女性が起業する場合「お小遣い稼ぎになればいい」「趣味程度で始めたい」という声をよく聞きます。

実際にそのようなケースを多く見てきましたが、成功しないことのほうが多いです。

例えば、「本気でこだわった自分だけの雑貨を作り、しっかりとしたマーケティングのもと広めていきたい」という人と「空いた時間で作ったものをウェブサイトで売りたい」という人なら、どちらから買いたいと思いますか？

私なら、前者から購入したいです。もちろん後者でも悪くないのですが、本気でやっている方と同じ土壌に上がりたいと思うなら、気持ちも姿勢も失礼だと思います。

私はライターで起業しようと思ったときに、希望年収や取引したい企業、希望の生活スタイルを細かく設定しました。

確かに0円から起業できる時代ですし、多種多様な生き方が選択できる時代です。だからこそ、**せっかく起業をすると決めたのなら、その業種で活躍している人と肩を並べても恥ずかしくないよう高い目標やビジョンを持って取り組んだほうがワクワクする未来が待っている**と思います。

固定概念と比較しない

一般企業に勤めたことがある方は、生活や仕事のスタイルの基盤が既にできあがっている可能性があります。その基盤を崩さないまま起業しようとすると、かなり大変です。

私の周りを見ていても、起業して安定してくるまでは常に定時で仕事を終えることは難しいでしょう。仕事が終わったとしても、それに付随する雑務が残っています。

起業を検討するなら今までの固定概念と比較しないで、臨機応変に対応できる力が必要です。

比較すべきは固定概念や周りではなく、昨日の自分や一年間の自分だと思います。

知識や経験よりもプランと気持ちが大切

「知識がないと起業できませんか？」という相談をよく受けますが、私は**知識や経験よりも起業するためのプランと起業後のプラン、そして気持ちが大切**だと思います。

現在知識がない状態でも、起業するまでに必要最低限の知識を獲得すれば問題ありません。私の場合は冒頭でも紹介したように、ライター講座を受けたことがなく編集やライター業の仕事にも就いたことはありません。

しかし、３０歳でライターとして独立したいという明確な目標があり、そのためのスキルを日々淡々と養っていきました。

私のような専門的な分野の場合、起業するときに何もスキルがないと一定収入を得るまでに時間がかかってしまいます。起業日までの努力は誰にも見えませんが、見えないところでどれだけ準備ができるかというのは大きいと感じました。

p 210

そして、**起業時に何より大切なのは気持ち**です。なぜその業種で起業したいのか、どのようなミッションを持ち取り組みたいのかが明確でないと、途中で気持ちが折れてしまいます。起業したときの目標や気持ちを持ち続けられるかどうかは、今後のモチベーションに関わってくると思うので起業を検討するときには大切にしてみてください。

自分の人生の舵は自分で取る

私の母や父のころとは時代が大きく変化し、女性が働くことが当たり前になりました。生き方に正解はありませんしどのような選択をしてもいいと思うのですが、**起業をして自分の人生の舵を自分で取ってみるというのは楽しいもの**です。

誰かに依存したり決断を委ねたりしないといけない人生になると、自分ではない他人に支配された環境下で生きなければなりません。

そのような生き方が悪いとは思いませんが、私には違うなと思いました。自分で舵を取りその行き先に責任を持って生きる、自分の成果で多くの人たちを笑顔にできるというのは自分で舵を握らないと見られない景色です。

また、毎日を自分で決めたように生きられるようになると、家事をしながら仕事をしたりショッピングに行った後に仕事をしたりと、1日を自分の思うように使えてストレスが少なくなりました。確かに、自分の人生に責任を持つというのは大変なこともありますが、成功も失敗も全部自分に返ってくるため経験値が上がります。

まとめ

「起業してみてよかったですか？」と聞かれると、私は必ず「はい」と答えます。起業をしたことで自分でできることの幅が広がり、時間や場所に縛られない自由な生き方が実現しました。当たり前のことではありますが、自立して自分の力で生きるという楽しさも実感しています。

そして何より、**子どものころから大好きだった言葉を生業として生きられているのは本当に幸せなこと**です。

これからも自分を取り巻く環境や人々に感謝をしながら、前向きに楽しく仕事をしていければと思います。

そらいなおみさんの
ホームページはコチラ

言語障害を乗り越えて
ゲーム感覚の五感脳トレーニングを開発

五感脳トレーニング
武田 規公美

Profile

一般社団法人
五感脳トレーニング協会　代表理事

幼少期から親に虐待を受け言語障害になる。勉強も努力しているにも関わらず成績が伸びない日々が続く。「世界の大学ランキング」で日米の差を感じ、教育文化を学ぶためにアメリカへ研修に行く。ディスカッション形式のプロセス教育を導入した、五感脳トレーニングを 10 年かけて開発。1 年で IQ が 14 ～ 36 上がり、口コミで広がる。現在は生後 3 ヵ月～ 97 歳の方々が受講。認知症改善にも繋がるなど、多くの成果が出ている。

message

環境や価値観が違うから
何ひとつ正解なんてない

p 214

一つの疑問からすべては始まった

親からの虐待で言語障害に

現在、私は一般社団法人五感脳トレーニング協会を運営しています。たくさんの笑顔に囲まれ、多くの方々から「ありがとう。できるようになったよ」と嬉しいお言葉をいただいています。みなさんの喜びの声を聞けることが、私にとって最高の喜びです。

子どもを怒ってばかりで、育児ノイローゼで通院をしていた方からは、「五感脳トレーニングを取り入れるようになってからとても気持ちが楽になり、通院の必要もなくなりました。

私自身が親に怒られて育ったので怒るのがしつけと思っていましたが、違ってたんですね。」と、喜びの声をいただきました。

今でこそみなさんと笑顔溢れる日々ですが、ここまでの道のりは大変なものでした。

実は私は、１０年以上親に暴力をふるわれていました。子どもの頃はいつも体がアザだらけでした。

虐待の影響で言語障害となり、小学生までは言葉が出てきてくれませんでした。言葉が出ないので学校では虐められ、どこにも居場所がない日々でした。

勉強をしてもしても成績は一向に上がらず、とても悩んでいました。一番ショックだったのは、漢字の小テストです。友達は１０分休憩の間に勉強をして毎回満点なのに、私は前日に２時間勉強をしても２０点中１６点しかとれない。１５点以下は再テストだったので、毎回ギリギリ。

「どうしてこんなに記憶力が悪いのだろう？なにかゲームで記憶力が良くなったらいいのに」とずっと思っていました。

地獄の日々から救い出してくれた恩人

高校生になっても親からの暴力を受けていた私は、ある日、中学生時代の友達のおばさんと駅でばったり会いました。友達のおばさんは、何も聞かずに「うちの四女になりなさい」と言ってくれ、友達のおばさんの家に2年間住んでいました。

しばらくしてから「どうして何も聞かずに、家に住まわせてくれたの？」と聞くと「目を見れば分かるよ。消えそうな目をしていたよ」と言われたのを今でも覚えています。

友達のおばさんは、悪いことをしたらどうしてそれがいけないことなのかを悟るように教えてくれました。

そして、もし自分が相手の立場だったらどう思うのかという考え方を身に付けさせてくれました。頑張ったことは、ちゃんと褒めて認めてくれました。

高校生にして、初めて褒めてもらえました。

私の親は、仕事に追われて私の話なんて一切聞いてくれたことがありません。親子行事にも、何度お願いしても一度たりとも来てくれたことはありません。挙句の果てには「橋の下から拾ってきてあげたんだから、感謝しなさい」とまで言われました。今思えば親は余裕がなく、目先のことに無我夢中だったのだと思います。

日本教育への素朴な疑問が始まり

友達のおばさんの家には、いろいろな悩みを抱える方がよく来ていました。やんちゃな子たちや不登校の子たち、子育てや家族や仕事で悩んでいる人たち。様々な人たちの変化を間近で見ていた私は、家庭では解決できないことでも、第三者が入ることで少しずつ解決できるということに気づき、私もおばさんのようになりたいと思うようになりました。そして、通信制高校のサポート校で働きました。

その学校の子たちは、不登校の子たちや、高校に入ったけれど進級ができない子や退学になった子たちでした。

一番びっくりしたのは、その子たちの学力レベルです。半分以上の子たちが、掛け算も割り算もすべて足し算にしていました。３枚書かないといけない作文を3行しか書けない状態。どうしてこうなってしまったのだろうと色々調べる中で、「世界の大学ランキング」というものが目にとまりました。そこで私が知ったのは、**アメリカは１０位以内に6校も入っているのに、日本は１００位以内に2校しか入っていないという現実**でした。

「こんなにも違うなら、教育も違うんじゃないかな？」そう思った私は、教育文化を学ぶためにアメリカへ研修に行きました。

目の当たりにしたアメリカの教育

アメリカの幼稚園や小学校を研修で訪れた私は、あまりの違いにとてもビックリしました。

幼稚園の子どもたちはポップコーンなどのお菓子を食べながら、自由にのびのびとテーマに沿った活動をしていました。

また、小学校の授業で、あるテーマについてディスカッションをしていたときのこと。男の子の答えが違っていたのに、先生は「ブラボー」と言ってハグをして褒めるのです。

授業が終わってから、「なぜ答えが違うのに、褒めたのか?」と先生に聞くと、「僕にはない発想で、彼なりのプロセスがしっかりとしている。答えなんてどうでもいいんだ。あの発想は素晴らしい。」と絶賛していました。

そのときに気づいたことは、日本教育は、みんなと同じことをして、覚える「詰め込み式の結果重視教育」。

アメリカン教育は、**一人一人の個性を大切にして、答えは決まっていない「ディスカッション形式のプロセス重視教育」**と感じました。こんなにも教育文化が違うなんて、思いもしませんでした。

五感脳トレーニングが生んだ驚くべき結果

記憶力が悪かったから脳トレを作った

日米の教育の違いを目の当たりにして帰国した私は、本屋さんで「脳図鑑」という本に出会いました。この本には、「**否定形・命令形の言葉によって脳はどんどん委縮してしまう**」ということが書かれていました。

言葉がけや環境によって、脳力は良くもなり悪くもなる。

今まで疑問に感じていた自分の記憶力の低さの原因が、実は脳にあるということが分かり、そこから脳の世界にはまりました。

小学生のときからずっと「ゲームで記憶力がよくなったらいいのにな」と思っていた私は、その後約10年をかけて、アメリカン教育を導入したゲーム感覚の五感脳トレーニングを開発しました。

「よく10年も掛けて開発をしたね」と言われますが、私は普通のことができずにとても悩んでいました。

あるアルバイトで、200枚のはがきに1から200までの番号をふっていく作業をすると、なぜか最後は300になっている。よく確かめたら、99の次がなぜか199になっている。だから、アルバイトは大体半年でクビになり、学生のときから仕事ができないことに不安を強く感じていました。

だからもう、これしかなくって。**五感脳トレーニングを作り出すために、過去の自分があったと**思うようにしています。そう思えば、とてもとても辛かった過去の痛みも全て、報われるから。

子どものIQが1年間で36上がる驚くべき結果に

一番最初、五感脳トレーニング教室は生後3ヵ月〜就園児前の親子クラスのみを行っていました。

机は工作以外では使わずに、のびのびと五感を刺激したレッスンです。まだ小さい子たちなので、「これをしてね」と言っても、違うことをしている子が多く、しばらく見守っていました。

すると私が思いもよらぬブロックの使い方をしていて、そこからどんどん発展して新しいゲームが始まりました。子どもたちはとても生き生きしていて、「今度はこうしたら？」と次から次へと斬新な発想が出てくるのです。

そのときに臨床心理士さんと知り合って子どもたちのIQ検査をしてもらったら、**平均よりもみんなIQが8〜23も高くて**ビックリしました。「こんなにもIQが高い子たちは、なかなかいないよ」と、臨床心理士さんもビックリしていました。

それからは毎年伸び率を計るようになり、**1年間でIQが14〜36上がっています**。ゲームを通して、思考力・判断力・観察力・記憶力・イメージ力・想像力・表現力・文章力などがグングン上がっていることに気が付きました。そして、自分で考えて行動できるようになりました。

五感脳トレーニング教室には長く通ってくれる子が多く、子どもたちの成長を見るのがとても楽しいです。

たとえば、1才半から小学4年生まで通ってくれたAさん。最初はおとなしくお母さんの後ろに隠れる子で、分からない問題があると泣いてしまう子でしたが、次第に自信がついていき、小学3年生のとき学級委員に立候補し、見事5人の中から選ばれるまでになりました。

小学3年生から高校3年生まで通ってくれたB君は、勉強が大嫌いで学校の宿題をやらないことが多く無気力ぎみでしたが、弱い立場の人たちを助けたいという目標ができて、現在は法学部に通い弁護士を目指しています。

保護者の方々にも喜んで頂き、「ゲームで楽しくこんなにも伸びるなら、もっと幅広い人たちにもやってみたら?」と、企業研修やシニアの認知症予防講座など、色々な所を紹介してもらうようになりました。

認知症検査の点数が33点も上がる

シニアの五感脳トレーニングは、ゆっくりで、子どもっぽい要素はなくさないとやってもらえません。

それに気づいたのは、認知症予防講座で子どもたちと同じペース、同じレッスンをしていたときに、「早すぎて疲れる。休憩したい」「子どもっぽいからやりたくない」と怒られたからです。

子どもと同じではダメだということが分かり、シニア向けにアレンジを加え出すと、徐々に反応が変わってきました。「今日は疲れたわ」から「今日は楽しかったわ」に変わっていったのです。

物忘れがひどかった方が、レッスンでやっていることを家でも実践し、3ヵ月後には「最近は覚えていられるようになったよ」と喜んでいただけるようになりました。

シニア用にアレンジをしたおかげで、認知症中度の方が多いデイサービスでも五感脳トレーニングを行うことができるようになりました。

会話が成り立たなかったり、違うことをしていたりと最初は不安でしたが、できたらハイタッチをしてモチベーションから上げることで、お互いを褒め合うようになりました。

今までは会話をしたことがなかった人たちが、ゲームを通して、「あなたの出身も東北かね。私と同じじゃん」などと話すようになり、コミュニケーションが増えました。

そして、できる人ができない人を助けるようになったのです。最初はスタッフさんが2人サポートをしてくれていましたが、3回目からはサポートがいらなくなりました。助け合いの素晴らしさを実感しました。

五感脳トレーニングの効果を確かめるために認知症検査をすると、3ヵ月6回のレッスンで、**100点中平均15.8点上がり、最高で33点も上がりました。**最高点だった認知症中度のおばあちゃん（89才）に結果を伝えると、「70才を過ぎてからは色々なことが面倒になり、なるべく考えない、なるべく人と関わらないようにしてきた。

でも五感脳トレーニングでは考えないと答えられない、できない人がいたら助けないと次に進まない。

だからよく観察するようになって、どうしてそうなるのかをよく考えるようになったよ。家でも復習してるよ。この歳でもまだまだ伸びるんだね。嬉しいよ。頑張るよ」と笑顔で言ってもらえました。

障害児学童のＩＱ伸び率が一番高かった

教室で一番ＩＱが伸びたのが、発達がゆっくりな子たちや障害児の子たちでした。なので障害児学童でもやってみたいと思い、知り合いに紹介をしてもらいました。

実際に行ってみると、奇声を上げながら走り回っていたり、急に泣き出したりと、この状態でできるかとても不安になりました。

戸惑いながら、各テーブルにゲームを準備していると、子どもたちが静かに取り組みだしました。さっきまで騒がしかったのが嘘のように、みんな集中していました。

そして1つのゲームが終わると、自分で選んで違うゲームを始めました。そして時間になって片付けようとすると、もっとやりたいと言ってくれました。

なぜこんなにも子どもたちの様子が変わったのかと考えると、今までは一斉に同じことをしていたことに気が付きました。

なのでやりたくないと、奇声を出して走り回ったり、泣き出していました。子どもたちは自分で選択をすると、集中して取り組む事に気が付きました。

五感脳トレーニングの効果を計ってみると、2ヵ月6回のレッスンで、**IQが平均で12.3上がり、最高で19上がりました**。この伸び率は、教室での1年間の伸び率に等しいので、ビックリしました。

分野別では、指先のトレーニングを行うことにより手の運動が一番伸び、言葉掛けを変えることで発語が2番目に伸びました。

今までは奇声を上げてばかりで会話をしたことがなかった子たちが、落ち着いて自分の意見を言えるようになり、環境作りと言葉掛けの大切さを改めて感じました。

挑戦する時に忘れてはいけない6つの教訓

失敗はステップアップのチャンス

これまでにたくさんの失敗をしてきましたが、そのたびに「**1回チャレンジをして上手くいかないのは、当たり前。何回かやれば、すごく考えるし試行錯誤するから、そのうちできるようになる**」と自分自身に言い聞かせています。大体は2・3回目で成功できていますす。中には3年掛かってやっと成功したものもあります。

最近ではトラブルを楽しむようになりました。「これを乗り越えられたら、今まで見たことのない世界が待っている。どんな世界か見てみたい。ならやるしかない！」この繰り返しです。

また、**批判されたときは、試されているんだな**と思うようにしています。最初の頃は「ゲームで脳トレなんて胡散臭い」とか、「絶対に失敗する」とよく言われました。

ある勉強会で同じだった方に、挨拶をしても無視され続けたことがありましたが、めげずに半年間挨拶をし続けたら、挨拶を返してくれるようなり、今では「困ったことがあったら相談においで」と言ってくれるようになりました。どんなに批判されても自分なりに努力を続けていたら、道が開けてくると気が付きました。

本から得た教訓を実践する

本からもたくさんのことを学んでいます。２０代の頃は月に約3冊、3年で１００冊以上の本を読みました。私の知らないさまざまな世界が知りたくて、経営者の本から夜の仕事の人たちの本まで幅広く読んでいます。

その中で気が付いたのは、成功者がやっていることには共通点があるということです。

・今の行動が、未来をつくる。だから言い訳をしない。
・敵は誰でもなく、自分自身。だから自分に負けずに、やり抜く！
・言霊を大切にする。自分の言った言葉は必ず返ってくる。
だから常に感謝とお詫びの気持ちをもち、人の悪口は言わない。嫌なことは直接言う。
・一回決めたことは、何があってもやり遂げる。
などなど…

これらの言葉は壁に貼って忘れないようにし、実践しています。そうしだしてからは、出会いたい人にフッと出会えたり、こんなことをしたいと強く願うと依頼を受けたりと、運気がグングン上がりました。

一度決めたら、何があってもやり遂げる

本から得た教訓「**一回決めたことは、何があってもやり遂げる**」を最近実践したのは、ビジネスコンペのチャレンジです。

私の知り合いの方々がビジネスコンペでグランプリを取って飛躍していたので、私もチャレンジをしました。

しかし、４つ出したうち２つは一次書類で落ち、残り２つは二次面接で落ちました。どれもファイナルまで進むことができず、発表すらできない…。

落ち込んでいた私のもとに翌年届いたのは、ビジネスコンペ対策の勉強会のお知らせでした。私は名古屋に住んでいるのですが、勉強会の開催地は東京で、３ヵ月間毎週末通わなければならないものでした。

とても悩みましたが、これに参加しないと発表すらできないと思い、覚悟を決めて勉強会に参加することにしました。

勉強会では、ビジネスコンペの一次審査で出す事業計画書の書き方を一から丁寧に教えて頂きました。今思えば当初の事業計画書は、書く場所が違ったり大切なポイントが全く書けていなくて、とても酷い状態でした。

勉強会の前半は旅行気分で楽しかったけれど、後半は仕事の忙しい時期と重なり、課題も毎回多くストレスで湿疹が全身にできてしまいました。

痒くてかゆくて寝れず、髪の毛も大量に抜けてとても辛い日々でした。けれど、自分自身に負けたくないという一心で、どうにかやり抜きました。

一から丁寧に指導していただいたおかげで、一次審査通過。

二次審査もなんとか通過して、初めてファイナルで発表することができました。

そして、大学の賞とグランプリのダブル受賞をしました。あのときの感動は、今でも忘れません。**努力は必ず報われる、**ということを実感しました。

苦手なことから逃げない

私が自分自身によく言い聞かせているのは、「**苦手なことから、逃げない**」です。

言語障害をもっている私は、今でも人前で話すと言葉が出てきてくれず、上手く話すことができないことが多々あります。穴があったら入りたいとよく思います。「脳トレをやっているのに、まともに話すこともできないの？」と言われたこともあります。

あの時は泣きました。車イスの人には走れって言わないのに、見た目が普通だから何も知らないから、全否定をするんだと思いました。

けれど、苦手なことから逃げていても進まないし、悔しいだけ。それなら、言語障害のことを包み隠さず公表し、こんな人もいるということを知ってもらおうと開き直ったのです。いざ開き直ってみると、気持ちが吹っ切れて楽になりました。

自分の弱いところを見せるのは、今でもとても恥ずかしいし、できることなら知られたくはありません。けれど、弱点が強みになったら、今までとは違った景色が見えてきます。

正解なんてない

私は以前、ストレスから無気力になり、5才の娘がいるにも関わらず2週間ずっと寝ていたことがあります。母親としては失格なときもたくさんあります。

行き当たりばったりなヌケヌケの母は、しっかり者の娘によく怒られます。育てているつもりの子どもに育てられているな、と日々感じています。

私は子どもを子どもと思っていません。時には友達となり、時には子どもが上司となったり。ただちょっと私が早く生まれただけ。別に偉い人間でもないし、完璧でもありません。

子どもが1才なら、親もピカピカの1年生。親だって分からないことばかり。

子どもには子どもにしか見えない世界が広がっているし、親には親の世界があります。

ならばお互いを尊重し合えばいい。**何が正解で、何が間違いなんて答えはない。みんな顔が違うように、人それぞれ育った環境も価値観も違うから。**

まずは行動あるのみ

新しいことを始めたいけれど、準備ができていないし自信がないという相談をたまに受けますが、最初から自信のある人なんているのかなと思います。

私だって起業するとき不安だったし、親には猛反対されました。

何をやってもうまくいかずトラブルだらけで落ち込んでいると、「これで諦める気になった？」「わざわざ大変な道を選ばなくても、平凡に生きればいいのよ」と親に言われました。けれど、「どうしてもおばさんへの恩返しがしたい！楽しく脳力を伸ばすお手伝いをして、学ぶ楽しさを知ってほしい！」そんな思いで、辛いときも乗り越えてきました。

私は**頭で考えるよりも、やりながら準備を進めています**。その方が、お客さんの求めているものが良く分かり、柔軟に対応できるのですぐに変更ができます。

まずは行動あるのみ！ やらなきゃなにも、始まらない。

思い描く世界観

暴言・暴力からは、愛は生まれない。

愛を注がない限り、愛は育たない。

自分がいい言葉を口にすれば、相手もいい言葉で接してくれる。

自分が批判や命令ばかりしていれば、相手もそれ相応の態度をとってくる。

子どもも大人も同じ。

全ては自分に返ってくる。

相手を変えようと思うから、疲れるし変わらない。自分が変われば、少しずつ相手も変わってくる。このことを自分自身に言い聞かせて、日々過ごしています。

私が大切にしていることは、協会のスローガンと理念になっています。
スローガン「ゲーム感覚で学びを楽しもう！」
理念「さらなる可能性を広げたい方に、学ぶ楽しさを知り《考える力》《生きる力》を育て、自分の好きなことで社会を豊かにする次世代を育成します！」

いい学校に行けば、いい会社で働ける時代ではなくなりました。最終目標は、働くこと。しかし、これを考えている保護者は少なく、就職活動が始まってから困ることが多いです。就職をしても続かないケースも多いです。

なので子どもの頃から、モチベーションを上げて自信を持ち、多様な価値観を学び、自分の好きなことを選択できるように、自分で考えて行動できることが大切になってきます。

２０才の頃から思い描いている私の夢は、地域交流スペースを設立して「虐待・不登校・引きこもり・うつ病・認知症ゼロの地域社会作り」を目指しています。

高校生のときにお世話になった、友達のおばさんのようにみんなの居場所作りをしたくって。自分の得意なことを発表したり、仕事ができる場。悩んだときにそこに行けば、相談にのってもらえる場。

今は核家族化が進み、地域の中で孤立してしまう方もいます。孤立すると、悩みごとを1人で抱えてしまいがちです。

そうなると、相手を責めることで自分を保つケースも出てきます。昔のように大家族で、「醤油がなくなったから貸して」と言い合える相手が地域にたくさんいたら、悲しく痛ましい事件は減るのではないかと思います。

私の願いは、ただ1つ。**みんなが認め合い、褒め合うこと**です。それができたら、もめごとやケンカは減り、虐待・不登校・引きこもり・うつ病・認知症になることは減るのではないでしょうか？

これからは、五感脳トレーニングを全国に広め、モチベーションを上げて自信を取り戻し、楽しくグングン脳力アップをして、可能性を広げるサポートをしていきます。

資格講座や講師の育成をして、輪を広げていきます。（脳力を伸ばしたい方・楽しく子育てをしたい方・介護を楽しくしたい方・仕事にしたい方などに向けて）

保育施設や障害児学童や障害者施設や介護施設などに、カリキュラム提供も始めます。

ご興味をもっていただけましたら、ホームページからご連絡下さい。（全てｚｏｏｍでも行っていますので、海外から受講されている方もいます。フェイスブックもやっています。子育ての記事は友達限定で公開をしているので、よろしければ武田規公美に友達申請をして下さい。よろしくお願いいたします）

悩み事は、一人で抱えないで下さいね。みなさんと繋がれるのを楽しみに、お待ちしています。

武田規公美さんの
ホームページはコチラ

輝く女性 file No.12

毎日の「家事」にも価値がある！
家事代行サービスを二足のわらじから起業！

家事代行・ベビーシッター
長尾 永子

Profile

スマートスマイル　代表

超地域密着家事代行、ベビーシッターサービス、レンタルサロンを運営して１０年。市の子育て事業「育児支援ヘルパー」の委託を受け産前産後のサポートも行う。地域で繋がるコミュニティの運営や、子ども食堂の開催もしている。自身も２児の母でありながら、地域で子育てママをサポートすることや地域で家族以外の大人の知り合いをつくることが大切だと実感し取り組んでいる。

message

人にどう思われるかより
自分がどう在りたいか

p 240

他になかったら日本一

ママが活躍できる環境作り

現在、大阪府堺市で超地域密着家事代行、ベビーシッターサービス、レンタルサロンを運営して10年になります。堺市の子育て事業「育児支援ヘルパー」の委託を受け産前産後のサポートをさせていただいています。

現場には子育て中のスタッフが多く、事業所の託児スペースでお子さんをお預かりし、お仕事してもらえる環境をつくっています。

また、地域で繋がるコミュニティ「えぇ堺」運営、子ども達の居場所づくりとして事業所で子ども食堂を月2回開催しています。

地域で子育てママをサポートすること、そして子ども達にとって地域で家族以外の大人の知り合いをつくることが大切だと実感し取り組んでいます。そんな私自身も、現在中学生の娘と小学生の息子を持つ母親です。

悟り① たいしたことじゃない

真面目で一生懸命商売をしていた父親、人付き合いが良く穏やかな母親。昔から「○○しなさい」など言われた記憶はなく、のびのび自由に育ててもらいました。

母親からは「**他になかったら日本一**」とよく言われていました。小学生になりその意味を理解しましたが、母にとって私は大切な存在なんだと子どもながらに感じていました。

ターニングポイントと言えるのかは分かりませんが、私は学生時代に2回悟ったことがあります。

はじめは小学2年生のときです。ずっと伸ばしていたロングヘアをばっさり切ってショートヘアにした日、鏡を見ては後悔して泣き、気が乗らないまま翌日登校しました。

友達に笑われると思っていたのにも関わらず、その日のうちに私と同じ美容院で「えいこちゃんと同じ髪型にしてください」とカットしてきた友達の話を聞きました。そのときに自分の考えていることや思い込んでいることは大したことではなく、他の人にとっては違うこともあるんだと気づき、そして人にどう思われるかを考えなくなりました。

悟り② 自分だけにできること

二度目は高校生の時です。入学と同時にバレーボール部にはいりました。バレーボール部は高校の中で一番厳しく、この高校でバレーボールをするために入学してくる子がたくさんいました。実力主義で、上手い子は1年生でもレギュラーになっていきます。なんとなく入部した私はもちろん下級生に抜かされました。

私が３年生になったとき、近畿大会出場が決まり、クラスメイトが応援にきてくれることになっていましたが、私はベンチに入ることもできませんでした。数日前にそのことが発表され、帰宅してから悔しくて涙が止まりませんでした。涙が枯れるかと思うくらい泣いて、そのときに気づいたことは、頑張っていてもどうにもならないことがあるということです。だったら自分には何ができるか、何をするべきか考えました。その結論は４つでした

・立ち止まってたって何も変わらない
・レギュラーのために一生懸命声を出す
・レギュラーのために本気で応援する
・レギュラーのために一生懸命ボール拾いをする

人生どうにもならないことがある。だったら今の自分ができることを探して動く。この経験は今でも私の力になっていると思います。

ワクワクしたら「3秒」で行動する

24時間お母さん

保育士をやっていた時代にたくさんのお母さんと関わる中で感じたこと。それは、時間のゆとりというものは心にかなり影響があること、そして、お母さんの心の状態で子育てが変わってくることです。

当時、私は20代前半。保育園でお預かりしていた子どもさんのお母さんは、子どもを預けて仕事をし、帰り道にお迎えに来て、帰ってからも家事や育児。

「24時間お母さん」ってすごいなあ、と思っていました。

そんな中、時間にゆとりのあるお母さんと日々時間に追われているお母さんは、心のゆとりが全然違うと気づきます。子どものことは同じように愛しているはずなのに、時には子どもに強くあたってしまうお母さんの姿。

彼女にたった１０分でも時間のゆとりを増やしてあげられたなら、親子の関係が変わることもあるんじゃないか。そう思ったりもしました。

秒で動く女

それから月日が流れ、３５歳。電車に乗りながら何気に読んだコラムで、家事代行サービスのことを知ります。おうちでしている家事にも価値があり、社会のお役に立つかもしれない。もしこのサービスに需要があるなら、年輩の女性にも雇用を生み出すことができる。

そう気づいた途端、３秒後に動き出しました。私は昔から思い立ったらすぐ動くタイプ。何事もやってみなきゃ分からないと思うタイプでした。

それに、20代の頃から何か自分で仕事をしたいという思いを持っていたこと、家事は苦にならない方だったことも、コラムを読んだときに自分事として捉えることができた一因だと思います。ちなみに、学生時代は好きな人ができると自分からアクションを起こすタイプでした（笑）。

二足のわらじ

まず、家事代行サービスの会社を調べて翌日に面接を受けに行きました。自分で独立する前提だったので、「需要があるのか」をリサーチしたかったのです。ここでの経験はすべてが貴重で、充実していました。その3ヶ月後に、「スマートスマイル」として起業。すべてを辞めて一念発起。

というわけではなく、パート保育士と二足のわらじを履きながらのスタートでした。

うまく私たちを遣っていただき、笑顔が増えてほしいという願いを込めて名前をつけました。

家族と向き合う時間を作れる家事代行

はじめはホームページとチラシと名刺を作りました。そして、ご紹介から少しずつお客様が増えていきます。初めてご依頼いただいたお客様は、なんと10年経った今でも継続してくださっています。家事代行をご利用いただいたお客様からは、こんな声が届いています。

「はじめは主婦が家事を人に任せるなんてと思っていましたが、共働きで忙しいので思い切って試してみました。」

「時間の大切さを改めて感じ、限りある貴重な時間をどう使うべきか考え直すことができました。」

「家族との時間、そして自分の時間を作ることで、さらに仕事もはかどるようになりました。夫婦ゲンカも減りました」

ママにゆとりある時間ができるベビーシッター

ベビーシッターサービスをご利用いただいた、あるお客様の事例を紹介します。その方は、初めての妊娠で、喜びと不安が交互に飛び交う毎日を送っていました。ご両親が近くにいないため、「いざ何かあったときどうしよう」が悩みの種だったのだそう。

親が近くにいない人たちって、何かあったときどうやって乗り越えているんだろう？　そう思ってインスタで検索し、たどり着いたのがスマートスマイルでした。

その後無事出産し、「子育てスタート」と思いきや、彼女の身に恐れていた「何かあったら」が起きます。それは、乳腺炎。急な発熱と痛さのおかげで、家事も育児も犬の世話もままならず、イライラしてお手上げ状態。

悩んだ末、産前に調べていたスマートスマイルのベビーシッターサービスをご利用いただきました。

はじめは「子どもを預ける＝子育て放棄」という罪悪感があった彼女。しかし、いざサービスを受けてみると、一人になる時間、何も考えなくていい時間が少しでもある喜びを実感。産後のからだのケアをする余裕もようやく出てきました。

そして、短時間でも子どもと離れたことで「子どもに早く会って抱きしめたい」と思えるようになったそうです。

「預けることで心もリラックスできて、新たな心持ちで子育てに向き合える。これも子育ての一部なんですね」

そう話す彼女にとって、スマートスマイルのスタッフはみんな子育て経験のある主婦で安心感があり、何かあったときに駆けつけてくれる印象が大きかったとのこと。

今では子育てで悩むことはあっても、息詰まることはないようです。

誰しもが使命を持っている

SDGsで気づいた新たな使命

家事代行サービス、ベビーシッターサービスに加え、2017年から事業所で子ども食堂を始めました。それがきっかけで興味をもつようになったのが、国連が定めたSDGsです。地球の環境問題を知り、「**私たち大人の意識や行動が未来の子ども達に繋がることを広める**」という使命を抱くようになりました。自分にできることはないだろうか。

家中、これ1本！

そんなとき、お客様のお宅の至るところに洗剤があるということに気づきます。あなたのお家にも、キッチン、風呂、トイレなんかにそれぞれ洗剤がありませんか？　実はこれらの中性洗剤、中身はそんなに変わらないのです。

「これらを一本化できる万能な洗剤があればいいのに。それも、赤ちゃんやペットに安心安全な洗剤があれば」

そんなふうに考え、アンテナをはっていたときにご縁があって、理想的な原材料と出会います。そして、人と環境に優しい洗剤として商品化。自分が使いたいし、家族にも使わせたいと思える「ソイスマッシュ」ができたのです。２０２０年、家事代行サービスを始めて１０年が経ったときでした。

売り上げをトイレに

去年から家事代行サービスの売り上げの一部を、今年からはこの洗剤の売り上げの一部も含めて、東南アジア・アフリカのトイレを整えるプロジェクトに寄付させていただいています。去年の寄付では、アフリカの女子生徒１５人が衛生的なトイレを使えるようになると聞いています。

なぜトイレなのか？　それは、私たちにとって当たり前のトイレが東南アジアやアフリカでは整備されていないという事実を、ＳＤＧｓについて学んだときに知り、衝撃を受けたからです。私たちが開催している子ども食堂は、たくさんの方々からご寄付や愛をいただき成り立っています。その感謝をまた何か違う形で世の中に返していきたいという想いで今後もスタッフ共々取り組んでいます。

１人のチカラは小さいですが、それぞれができることを続けていけば必ず変わるときが来ると信じて、これからも自分たちの使命をまっとうし、楽しんでいきたいと思っています。

それによって沢山の笑顔や幸せが増えることを目標にしています。

あなたの使命はなんですか？

私は苦労をした覚えがありません。**辛いとか悔しいとか思ったことはありますが、それも自分が成長するための出来事**だと思えるからです。振り返ってみれば、人生はドラマティック。全部スムーズでうまくいくなんて面白くありませんよね。

もし今後、みなさんにとって辛いとか悔しいとか感じる出来事が起こったとき、自分をドラマの女優だと思い、少し客観的にご自分を見てみてください。頑張っている自分を愛おしく思えたり、クスッと笑っちゃったり、応援したくなるはずです。

人にどう思われるかを気にしたり、失敗したらどうしようと行動できない人に伝えたいのは、「そんなに人は見ていない」ということです。私はひとりでカラオケも行くし、焼肉やしゃぶしゃぶ食べ放題にも行きます。

人にどう思われるかより「自分が今、何をしたいか」を大切にしています。

今ここに生きていることへの感謝は行動で示したいと思っています。今ここに生きているということは、それぞれに使命があるはず。

大きなことじゃなくてもいい、些細なことでも何かを見つけてください。**成功とか失敗とかはどうでもいいので、まずは一歩踏み出すことが生きていることへの感謝のカタチ**じゃないかなぁと思っています。私の使命は6つあります。

- ・家事代行サービスを通じて、女性の時間と心のゆとりをつくること
- ・主婦がしている家事にも価値があり、もっと認められていいと広めること
- ・人と人が繋がる場をつくること
- ・誰もがありのままで〇だと勇気を与えること
- ・幸せ係数が高い人を増やすこと（日々の中で小さな幸せを感じる時間の割合）
- ・大人の意識や行動が未来の子ども達に繋がることを広めること

あなたにとっての使命は何ですか？　まず一歩を踏み出すことであなたのドラマがはじまっていくと思います。これからも共に楽しみながらネタ作りをしていけたら幸せです。

長尾永子さんの
インスタグラムはコチラ

輝く女性 file No.13

神経性の難聴がきっかけに働き方を見直し PC 1台で仕事ができる web マーケティング

web マーケティング
ぷうか

Profile

株式会社セイリングデイ　代表取締役

1991 年生まれ。日系大手金融機関の営業マンとして 27 歳で年収 1000 万の大台を超えるが、神経性の難聴が原因で働き方を見直す。個人がネットでモノを売る力を身につけ、web マーケティング業で独立、その後法人化。マーケティング知識を人に教えたりコロナの影響を受けた会社を救ったり、ビジネスコミュニティ運営や会員サイトの制作など PC 1台で仕事をしている。

message

全ては自分で決められる！

p 256

凡人が営業職でバリバリ稼ぐも体調不良に

凡人でも年収１０００万

「ブチ！」

会社員４年目の冬、水曜日。時間は午後でした。
私の左耳は、お客さまとの商談中に突然聞こえなくなったのです。

２０１４年春。私は新卒で、日系の大手金融機関にギリギリ滑り込むように入社しました。

就職活動では、１００社くらいエントリーシートを送りました。しかし、ＳＰＩでことごとく落ちまくる日々…。

メールボックスに届く大量の「お祈りメール」に慣れてきた頃、同級生の内定がどんどん決まっていきました。

「やばい…私、どこにも就職できないのかも」

そう焦り始めました。

なんとか新卒で入れる会社はないかと、血眼になって、大学の図書館のＰＣでまだ当たれそうな会社を探していました。

すると、「〇〇株式会社　営業職」という文字を見つけたんです。

「ここ、誰でも知ってるとこじゃん。え、採用人数めっちゃ多くない？　ここなら、１００社落ちの私でも、雇ってもらえるかも…」

と、ワラにもすがる気持ちで入社試験を受けました。

そして無事、いや、なんとか奇跡的に内定をいただくことができ、晴れて私は社会人としてデビューすることができたんです。

ありがたいことに素晴らしい上司に恵まれ、営業成績は２年目の後半から右肩上がり。

ほぼ歩合制の営業職だったため、年収も５００万、７５０万と上がっていき、２７歳で年収にして１０００万の大台を超えることができたんです。

「やったー！もうこれで、人生安泰だ！」

学生時代に家出して貧乏生活を経験しているのもあったので、お客さまにも喜んでいただけて、自分の財布も潤う営業の仕事が大好きになっていきました。

「このまま３０代後半まで頑張って、あとは管理職になれたらいいな」

そんな風にぼんやりと、１０年後をイメージしながら仕事をしていたんです。

しかし、営業の仕事は決して楽ではありませんでした。お客さまが増えれば増えるほどアポイントは増えていき、カレンダーが埋まっていきます。さらに、営業成績を上げれば上げるほど、目標も上がり、組織を背負う責任も増えていきました。

次第に休日に出勤をせざるを得ない日も増えていき、夜遅くまで営業する日も多くなってきました。お客さまとの商談を終えて事務所に戻ると２０時を過ぎていて、残っているのは部長だけ。そこから締め作業をすることもしばしばでした。

「将来安定した管理職になりたければ、仕方ない。もう少し、あともう少し頑張れば…」

そう自分を鼓舞して、次の日も営業しに、お客さまのもとへ向かいました。

突然耳が聴こえなくなった

しかし、とある冬の水曜日。


「斎藤さまの場合、このプランでお預けいただいた方が安心かと思います」

「そうね、そうしておこうかしら」

「ありがとうございます。では次回、娘さんもご一緒にお話聞いていただいて、お手続きさせていただいてもよろしいでしょうか？」

「分かったわ。娘にいつ時間取れるか聞いてみるわね」


お客さまのお宅の居間にあるこたつに足を入れさせていただきながら、私は商談をしていました。（よし、今日も順調だな）書類をトントンと机の上でまとめながら、お客さまと娘さんのことについて楽しくお話していた、そのときです。

「ブチ！」

（え？）

左の耳から突然大きな音がしたのと同時に、1秒前とは世界が変わったように左から音が入ってこなくなったんです。

お客さまが目の前で喋っている声も、左からは入ってきません。左側だけ、深い海の底にでもいるかのように、音が聞こえなくなりました。


（え、え、え、なに！？　怖い！）


生まれて初めての身体の異変に、驚きと恐怖を感じました。

営業マンとして4年スキルを磨いてきたので、気づかれないようにポーカーフェイスで話を続けられていましたが、こたつの中にある脚は震え、額からは真冬なのに変な汗がにじんでいました。

耳が聴こえない理由はすぐにわかった

（やりすぎた）

一瞬で察知した私は、そのまま半休をいただいて耳鼻科に飛んでいきました。

どこを調べても異常が見つからず、聞こえない原因は検査では分かりませんでした。

「どこが悪いんでしょうか」

「検査結果を見ると、どこも外傷もないし、異常もないんだよね」

「じゃあ、総合病院とか、おっきいところに行った方がいいですか？」

「んー」


ちょっと言いづらそうな顔をしながら、お医者さまは私に言いました。

「神経系だね。そういうところ、紹介状書くから。ちょっと行ってみてごらん」


頭が真っ白になりました。

（神経って心の病気って意味だよね？　え、休職？休んだら給料が入らないよね？　復帰できなかったら？　今のペースじゃ仕事続けられないってこと…だよね？）


ぶわわわっと、一気に不安が押し寄せてきます。

結局、紹介状を書いてもらったにもかかわらず、精神科には行かないという決断を自分の中でして、会計を済ませて耳鼻科を出ました。

「私がやってきたことって、間違ってたの？」

夕日を背に、トボトボと歩いていたら、虚しさと悔しさ、悲しさがごちゃごちゃになって、勝手に涙が出てきました。

「こんなに一生懸命やってきたのに。やっと、幸せな人生を手に入れたと思ったのに…」

社会人４年目にして、一気に絶望に突き落とされました。

元ＯＬで月５００万の女性起業家に出会う

非常識を常識に

しかし、すぐに転機が訪れます。

「なにかいい方法ないかな。今のペースじゃ絶対仕事続けられない。だけど、自分でちょっとでも稼げれば…」

私は自分のＰＣで、自分でなにか収入を得られる方法はないか調べました。

「とりあえずネットで調べよう！　えーと、キーワードは《女性》《副業》《インターネット》っと…ん？」

目に飛び込んできたのは、「元事務ＯＬがネット起業」という見出し。

おもむろにクリックして開くと、そこにはおそらく私と同じくらいの年齢であろう女性がいました。そのページは、私が「定年迎えたら泊まってみたいな」と思っていたような高級ホテルでパソコンに向かって仕事をしている写真とブログだったんです。

さらに驚いたのは、その女性の年収でした。

「月500万…って、え!?　年収の間違いじゃなくて!?　誤字じゃなくて!?」

それが本当だと分かったときには驚いたし、さすがに疑いました。詐欺ではないのかと。でも疑うくらい、私にとっては、個人がネットでモノを売れるというのは常識破壊だったのです。それに、自分が耳が聞こえなくなってまで必死になって直接お客さんのもとに提案をしに行っていたので、信じたくなかったのでしょう。

「でも、ブログとYouTubeを見れば見るほど、ロジックが正しいって分かる。どうしよう。やってみたい」

気が付くと私は、その人のメルマガに登録し、その日のうちにビジネスを学び始めていました。その気持ちはまるで、不安とワクワクの混ざった、初めて一人で行く海外旅行のように高揚したものでした。

初めての商品リリース

そしてそれから半年後、私は自分の商品をリリースしようとしていました。

商品販売開始の夜9時。

「う、売れるかな…」

不安ながらも、それまでのお客様の反応を思うと、

「まぁ、1つは売れるだろう」

そんな気持ちでいたんです。

夜10時。11時。…
「あれ?売れない」
いつメールで決済通知を受け取ってもいいように、ケータイをずっと両手で握ったまま、
2時間が経ちました。ケータイが震える気配はまったくありません。

「全然売れない。なんで？」

もしかしたら1本も売れないかもしれない。そんなことが頭をよぎったらもう、一気に悲しくなって、涙がにじんできてしまいました。

「やっぱり私には無理なのかな。そうだよね。会社でも働けなくなって、ビジネスもうまくいかなくて、もう諦めるしかないよね。でも、あんなに頑張ってきたのに…だめなのかな」

ベッドの上にうずくまって、鳴らないケータイを握ってボロボロと涙を流していました。

「もう諦めよう。歯磨いて寝よう」

そう思って顔を洗いに洗面所に行こうとしたとき。


「ピロン」

ケータイの画面を見ると、

「決済完了」

「…売れた。売れた。売れたあああ！」

ひとりのお客さんが私の商品を買ってくださったんです。

「やったぁあ！頑張って良かった。ほんとによかった！」

今度はうれし涙がボロボロと頬を伝っていきました。

お金も時間も自信も手に入れた先の人生

それから、２４時を過ぎてポロポロと商品が売れていき、その月は数万円の収益が立ったのです。

さらにお客さんから、「ぷうかさんの商品を買って本当に良かったです！」と、感謝のメールをたくさんいただけるようになりました。

そこからさらに半年後、私の収益は月に１１０万円を突破し、会社をやめて独立する道を選びました。

現在は、マーケティングの知識を人に教えたり、コロナの影響を受けた会社さんを救ったり、ビジネスコミュニティを運営したり、人と組んで会員サイトを制作したりと、やりたいと思ったことにはどんどん挑戦できています。

ビジネス仲間と箱根で合宿をしたり、旅行に行ったりするときもあり、毎日がとても楽しいです。また、「会社の看板がなくても大丈夫」と自分に自信がついたおかげで、人に意見をはっきりと伝えることができるようにもなりました。

なにより、自分の力で自分の人生を動かしているという感覚を持てるようになったのが、本当に嬉しいです。

最後にいつ、挑戦しましたか？

ここまでお読みいただき、ありがとうございます。
最後にあなたにひとつ、聞きたいことがあります。

最後にいつ、挑戦しましたか？

「いままさに、挑戦中なんだよね！」って人もいれば、「う、学生時代かな…」って人もいるかもしれません。

でも、ちょっと考えてみてください。**大人になったら、もうすべて自分で決めることができます**よね。

輝く女性　file No.13　ぷうか

就職する会社も、結婚する相手も、全部自分が決められます。**大人って、子供よりずっと自由**だと思うんです。それなのにやりたいことに挑戦しないのって、もったいないと思いませんか？

２０２０年以降、コロナで随分と社会が変わりました。その中で、将来や働き方を真剣に考えた人も多いのではないかと思います。

いま、挑戦できる大人になった。そして、挑戦すべき時代がきた。そう思いませんか？

私は、「**人生の舵を自分で握れる人を、一人でも増やしたい**」という想いで、今の仕事をしています。それは、自分が主体的に行動し、生きるようになって、人生の充実度がぐんと上がった経験をしているからです。

挑戦とは、行動です。この本を取っていただき、「挑戦してみよう」と思って一歩踏み出す女性を、心から応援しています。一緒に最高の人生を作り上げましょう！

ぷうかさんの
Twitter はコチラ

輝く女性 file No.14

人生のどん底を経験したからこそ生まれた
オリジナル成功法則「神の周波数」！

スピリチュアルコンサル
御園 シュリ

Profile

欲しいものを必ず手に入れるコンサルタント
プラテナ☆マジック講師

セラピストのインストラクター、オリジナルスクール講師、ヒーリングセッションのほか、億を目指す経営者・有名人を対象に「神の周波数」を使ったスピリチュアルコンサルタントもしている。現在、才能を開花させて願いを叶えるオンラインサロンを運営しながら協会を立ち上げ中。YouTubeやTikTokにて願いを叶える方法を配信中（神の周波数チャンネル）。

message

一人一人の成功法則が見つかれば
誰でも願いは叶えられる

p 272

周りとは違う私

「神の周波数」で生きるとは？

人には元々生まれ持った才能、強みがあります。にも関わらず、多くの人がその才能を開花させないまま、自分の可能性にも気づかないまま過ごしています。

会社に勤め、安定した生活を送ることが「常識」だと信じてきた人が、何かをきっかけに自己成長を遂げるとき、これまでの生き方に疑問や生きづらさを感じる人が多くいます。

男性性優位（競争・上下社会）の古い価値観ではなく、女性性優位（共存・共鳴・共感・受容）の新しい価値観で、女性は女性らしく豊かに輝ける社会を創っていきたいと思っています。

最大限に発揮すべき才能・強みは何か？　何をしたくてこの地球に生まれてきたのか？

それぞれがそれに気づき自分らしく表現しながら生きていく・自分を開花させることこそが「神の周波数」で生きていくということです。その「神の周波数」にチューニングをし、多くの人を自己実現させていくことが私の仕事です。

これからは、目に見えないものにフォーカスしていく時代。教育システムの中では教わらないスピリチュアル的なことやエネルギーワークが、日本でもスタンダードになっていくと思っています。生き方に疑問や生きづらさを感じる人たちを一人でも多く開花させていくパイオニアを目指しています。

昔から浮いていた存在

私の故郷は、青森のど田舎です。障がいを持つ父と、明治生まれの祖母に育てられました。祖母が入院するたび他人の家に預けられ、肩身の狭く「安心」とはほど遠い生活をしていました。周りとは違う家庭環境と、とにかくやることなすこと周りの想像を越えていく発想や行動から、いつも怒られたり白い目で見られたりと周りから浮いてしまい、個性隠しきれず人に合わせることができない自分をダメな人間だと思い、自己否定ばかりして過ごしました。自分のことを最下層の人種だと思い込み、人より何倍も頑張らないと普通の人間になれないのだと思って頑張れば頑張るほどより個性が目立ち環境になじめない１０代を過ごしました。

中学・高校もずっと順応しないままでしたが頑張ることをやめ、**《やりたくないことはやらない》《やりたいことだけをやる》**をやっていました。

だからいい大学、いい会社に入ることが当たり前とされている中、私は「好きなことを仕事にする」が当たり前だと思っていました。

が、「好きなことを仕事にできる人なんて、ほんの一握りの人間だ」と周りに言われ社会人になるほとんどの人が好きじゃないことを仕事にしていることに驚いたのを覚えています。

「周りと違うこと＝悪」というのは、当時の人にとっては当たり前の感覚。時代の先をいく私の生き方は、当然職場でも浮きまくります。ここは居場所ではないと、３０回以上転職。挙句の果てには借金の保証人になり取り立てに追われ、ホームレスを経験したこともありました。

「女性が苦手」な女性経営者

社会不適合者の野望

月1回の給料を3日で使ってしまう・定時に出勤できない・代わりがいる仕事を少ない給与で働けないなど、世間の当たり前に順応できない社会不適合者でした。

そんな中、自由度が高い夜の世界で働き始め、月収100万円以上で悠々自適に暮らしていました。そんな私が世間の当たり前・普通に憧れ「普通のサラリーマンと結婚する」を夢見て結婚、出産を経験し社会のルールというものを知っていきます。

しかし、一般的な家庭環境で育っていない私と、ごくごく一般的な家庭環境で育った元旦那の間で私は経済的な窮屈さを感じ始めます。

さらには、結婚前から元旦那には借金があり、返済するために専業主婦ではいられなくなりました。社会復帰すると、元旦那より自分のほうが稼ぐことが得意だとわかり、元旦那に主夫業交代をしてもらいました。

が、毎回毎回借金を増やしてくるので、結婚生活を共にする必要がなくなり、借金を肩代わりして離婚しました。

普通に勤めていたらこれ以上給与も上がらない・自分の求めてる金額はもらえないと気づいたのは３０歳のとき。手に職もないシングルマザーの私がこれから月収１００万以上を得るには起業しかないと、経営者になることを決意したのでした。

ママなのにホステスが怖い！?

それからは、当面の資金を作るために水商売に返り咲きます。人脈を広げるために高級クラブに勤め、子育てしながら昼と夜の掛け持ちで働き、３年でオーナーママに。

雇われることは私にとってとても難しいことだったので、経営者になることで初めて自分の居場所が見つかったような感覚でした。

大切なのは自分らしくいられる環境・自由な生き方だと初めて分かりました。

ものすごく楽しくて、周りには天職だと言われるほどだった水商売ですが、ここで私の越えなければいけない壁が立ちはだかりました。

それは「女性が苦手」ということ。

常に周りから浮いていた私は、集団から弾かれ、仲間外れやいじめを当たり前のように経験していたので、苦手だった女性との人間関係構築ができないのです。

売り上げがあげられないホステスの女の子に対して、何も言えず、結果、私が頑張って売り上げて、従業員を養ってる状態になっていきました。

そんな経営状態だったので、当時の大不況のリーマンショックのあおりを受け、どんどん苦しくなっていきました。

そして、経営者として完璧主義の「べき思考」を貫いていたので、人に頼らず、「感情を出さない」「弱さ・隙を見せない」といった自分の中の女性性を無視した働き方にバーンアウトし疲れきった私はうつと診断され、やむなく閉店に追い込まれました。

行動を妨げる「心のブロック」

その後2年間、うつで寝たきりになりました。「経営者」という立場がなくなると、肩書がないと人が離れていく、お金を持っていないと人が離れていくという経験したことでお金を憎んだ時期がありました。

そんな「お金のブロック」を抱えたまま、とりあえず出勤すればそれなりのお金がもらえるラウンジにリハビリのように2・3年働き慣れたころ、またふつふつと起業したいという想いが出て「**何か根本的なものを変えないとこれ以上のステージに行かない**」気がする。もう一度返り咲きたいと思い何で起業したいかネットサーフィンしているうちに、「心のブロック」という言葉を知ります。

心のブロックを外したいと思っているのに、お金のブロックがあるから「本当に効果があるのか」という疑いから実際にセッションを受ける一歩が踏み出せず、「心のブロック」を解除してくれるセラピストさんのブログをただただ数か月読んでいるだけでした。

そんな中、そのような活動をしているセラピストさんが全国にいることを知り、たまたま家の近所で格安でお金のブロックをはずすお茶会を見つけ、思い切って参加。

その後、たった一回のセッションを受けただけでお金のブロックが外れ、一ヶ月もしないうちにセラピストの資格を取得し、セラピストとして起業する活動が始まりました。

まだまだセラピストだけでは食べていけないので夜の仕事をしながら、昼はセラピストという二足の草鞋をやっていたが、セラピストだけで食べていくという覚悟を決め夜の仕事を辞めると一気に夜の収入分まで昼のセラピストで売り上げられるようになりました。

怖いことをしたことで道って開けるんだと実感した出来事でした。

「何か根本的なものを変えないとこれ以上のステージに行かない」という長年感じていた感覚は、怖いことを超えていなかったからだと知ります。

なぜか同じことを繰り返し人生がうまくいかないと感じていたのは、ここで**人生のステージを上げるためには「何かを手放す」をする**ことだと気づきました。

ここで自分の経験から法則を生み出しました。
(facebook グループにて定期配信しています。「シュリｉｓｍ願いの叶える方法」)

シュリｉｓｍにはこんな言葉があります。

・怖いことはすること
・やらない理由をお金のせいにしない
・決めたら叶う
・引き寄せたものはすべてやる
・わがままは我がまま
・適当は適度
・頑張るじゃなく楽しむ
・悩みは自慢話
・遠慮している部分が神の周波数

学びを深めていくうちに「どんな悩みにも対応できるセラピストになりたい！」と、ヒーリングやチャネリングなどに多額を自己投資し、自らを癒していくことで自己実現していくためのシュリｉｓｍが出来上がっていき見えない壁を超えていくことができました。

そういった経験を活かし、セラピストのインストラクター、オリジナルスクール講師、ヒーリングセッションをしながら、起業３年目に年収１０００万達成。月１０日稼働で自由気ままなライフスタイルを実現しました。

世間一般的な成功法則はやらない

突然ふってきた神の周波数

悠々自適に暮らしていた私はその後パートナーに巡り合います。が、そのパートナーから持ちかけられた投資で失敗。ここで初めて億を稼ぐと決めました。

しかし、そう決めた瞬間から、今までの成功パターンが通用しなくなります。心が折れそうになるほどエラーを繰り返し、トラブルが続き、ことごとく自分の中のパターンが崩れていきました。

そんなプロセスの中、少しずつ心が鍛えられ強くなっていき、いろいろ経験していく中でオリジナルの決めたら叶う成功法則に目覚めます。

その法則とは、**世間一般的な成功法則はやらない**ということ。

「**人それぞれのパターンを見つけていけば、必ず誰でも願いを叶えられる**」ということです。だって、人それぞれの経験値や思い込み・思考回路の癖によって、成功法則が違ってくるのですから。

そしてある日突然、私の頭の中に「人生の転換期にいる人を送り込むからスイッチを押してあげて」という「神の周波数」が入ってきます。

自分に役割が与えられたことから、「自分らしさを表現しながら願いを叶える神の周波数一言アドバイス」を募集。

すると、SNSでの認知が一気に拡がり、2020年9月から2021年1月までで一気に300人以上が押し寄せました。

アドバイスをしていく中で、生きづらさから開放されて自分らしさを開花させ、活躍していってほしいと思える人たちにたくさん出会いました。

そんな人たちが新時代のパイオニアとしてリーダーシップを発揮してほしい。

そう思った私は、セラピストのインストラクター、オリジナルスクール講師、ヒーリングセッションをするほか、私と同じメソッドを使って才能を開花させて夢を叶えていけるオンラインサロンと、ＳＤＧｓの理念のもと社会貢献しながら経済的自立も果たせる環境を整えた協会を立ち上げ中です。

また、私自身がたった1個のブロック解除から起業家になれたので、これから起業家を目指す人たちが簡単にセラピストとして活躍できるようなメゾットと環境を提供したいという想いから新しいプラチナマジックセラピスト養成講座を立ち上げました。

このプラチナマジックセラピスト養成講座は願いを叶えることに特化させたメゾットで誰でも簡単に願いがかなえられるように未来設定できる方法を教えています。

自分の願いも叶え、たくさんの人の願いを叶えていける事を願ってこれからたくさんの人がプラチナマジックを使ってもらえたら良いなと思います。セラピスト育成だけでなく、セラピストを育てていくインストラクター養成講座も立ち上げ中です。

人生こんなもんじゃないと思うなら！

私は、クライアントの本当の才能や強みを見つけ出し、「神の周波数」で生きていくことを分かりやすく伝えています。

セッションの最後は必ず笑顔になって帰っていただくことを意識しています。

コンサルにおいては、**「私の人生こんなもんじゃない！」と感じてはいるけれど思った通りの現実になっていない人たち**を対象に、潜在的に自分はこれから多くの人とかかわる人生になっていくんじゃないかとか、もっと大きいことをしていくはずなのになぜここにいるんだ、など個性が強すぎるがゆえに生きづらかった人たちがいよいよ活躍していく人たちが目覚め、「神の周波数」にチューニングし人生を好転させながら自己実現させていきたいと思っています。

言い方を変えると、そこまで考えていない人は、受け付けていないということです。お客様には、本気で人生を好転させていってほしいと思っていますから。

ひとりでも多くの人に、「神の周波数」を手にし、願いを叶えていく楽しさを味わってもらいたいと思います。

御園シュリさんの
ホームページはコチラ

「眉毛」に魅了され努力した結果
眉毛専門サロン３店舗の経営者に！

Eyebrow プロフェッショナル
michiko

Profile

株式会社 Mi-DA
TOKYO BABE　代表

東京の美容学校へ通うため鳥取から上京。卒業後、まつ毛エクステンションのお店に就職するも「まつ毛」より「眉毛」に魅了され、眉毛サロンに転職する。その後自分のお店を持ちたいという夢を叶え、現在は都内に眉毛専門サロンを３店舗展開。メディアからも取材を受けるなど、業界では有名なサロンへと成長。２人の子宝に恵まれ、夫婦二人三脚で仕事に育児に奮闘している。

message

結果が出ないなら
それはまだ努力が足りないだけだ

p 288

空手少女、美容の道へ

眉毛が顔の印象の8割を決める

私は現在、眉毛専門サロンを都内に3店舗展開しています。まだまだ眉毛をサロンで整えるということが当たり前ではない現状ですが、サロンで整える素晴らしさやアイブロウの技術で人々の生活を豊かにできるよう励んでおります。

たかが眉毛ですが、されど眉毛。「**眉毛はお顔の印象の8割を占める**」と言われており、毛1本で印象が大きく変わる部分です。そんな人の印象をガラリと変えるお仕事をしています。また、スクールも開講しており全国から眉毛を学びたい方が多数受講されています。

空手を極めた少女が進んだのは…

まずは、私の過去の歩みからお話しします。鳥取県で生まれ、母子家庭とはいえ、祖父母と一緒に暮らす温かい家庭に育ちました。

幼少期から習っていたのは、空手道。小学生の頃からほぼ毎日稽古がありました。中学生になると部活やほかの習い事も同時にやっていたので、友達と遊んだ記憶はほとんどありません。

小中と全国大会の常連で、高校へは空手道の特待生で進学。とにかく空手道に打ち込む毎日を過ごし、放課後にアルバイトをしたり、友達と遊んだりすることもほとんどなく高校3年間を過ごしました。

おかげで、県では1年生からずっと型も組手も優勝。中国地区でも型、組手ともにベスト3の常連でした。インターハイ、国体、選抜どれも毎年出場。流派の全国大会でも何年も連覇していました。

そんな私ですが、おしゃれや美容には興味があったので、高校卒業後は美容学校へ進学。近場に進学する人がほとんどの中、上京する道を選びました。「おしゃれや美容ならやっぱり東京！どうせやるなら絶対一番になりたい。一番を目指すにはその努力ができる場所がいい」と思っていました。鳥取のような田舎にいても、今のトレンドはネットでしか絶対にわかりません。「肌で感じるには東京に出るしかない！」私の中ではその選択肢以外ありませんでした。

まつ毛エクステ店で眉毛のトリコに

そうやって東京に出てきた私ですが、卒業後すぐに就職したのは、当時流行りの「まつ毛エクステンション」のお店。ここではとても楽しく技術の研修をさせていただきました。が、このときからすでに、お客様の目元を見るとどうしてもまつげ・・・ではなく眉毛に目がいってしまっていた私。

「この人の眉毛、もっとこうしたら可愛くなれるのにな…」

完全にまつ毛より眉毛ばかりを見て、お客様のお顔に合う眉毛を想像していました。

まつ毛エクステンションの技術は楽しかったものの、お店のやり方や雰囲気とどうしてもあわなかったので、1ヶ月で転職。

この1ヶ月の間に、美容業界での女性同士の暗黙のルールやくだらない上下のルールにものすごく嫌気がさしたのを覚えています。

まつ毛から眉毛へ転職

次の転職先はもちろん「眉毛サロン」。この眉毛サロンこそが、私の人生を変えるターニングポイントといえるでしょう。

私が就職先として眉毛サロンを探していたのは、今から約10年前。当時、周りにアイブロウリストは1人もいませんでした。

私は人と違う仕事がしたい願望があったので、ワクワクしながら探していたのですが、たくさんの美容室の求人の中で、眉毛の仕事があるサロンはたったの2店舗だけでした。

1つは応募資格が23歳以上。当時20歳だった私はその時点でアウト。

残された1つは「眉毛専門サロン」でした。

「え！？ 眉毛専門！？ お客さん来るのかな…」

そう思いながらも選択肢がなく、とりあえずその「眉毛専門サロン」に試験を受けに行き、見事合格をもらい就職したのです。


そこでまず驚いたのは、たくさんのお客様が毎日ご来店されていること。眉毛サロンなんて知らない人が多いと思っていたので、カルチャーショックを受けました。

東京に来てから2年。普通の学生よりは美容を勉強してきたにもかかわらず、この東京で知らない美容専門店があって、しかも流行っている。これには本当にびっくりしました。

当たり前ですが、当時20歳の私は知らないことって本当にたくさんあるんだなと再確認できました。

「人間力」の磨き方

むしろラッキー？　入社２週間で迎えた事件

眉毛サロンに入社して２週間が経ったころ、事件が発生しました。お店には私のほかにスタッフが３人いたのですが、うち２人が同時に退社することになったのです。

残されたのは、私ともう一人だけ。彼女は私より１ヶ月先に入った同い年で、ほぼ同期のような感じでした。

入社して２週間で、研修もままならないまま、先輩たちが施術してきた大事な大事なお客様を唐突に任されることになった私。

技術者としてまだまだこんな実力なのに、どうしていいかわからず不安に襲われました。周りからは「サロンやめれば？」とも言われました。が、「自分の技術力や想像力、人間力を上げるチャンスじゃない？」と思った私は、むしろ「こんなこと普通は経験できない！　私はラッキーかもしれない！」と前向きに考えることに（笑）。

そこからは忙しい毎日が待っていました。勉強のために入客をストップしたくても、お客様は毎日来店します。

不安で押しつぶされそうなときもありましたが、お客様を施術することでまた勉強になり、教えてくれる人がいない分、自分で考えて自分で復習。褒めてくれる人がいない分、うまくいったときは自分で褒めてあげました。

仕事でない日も毎日勉強です。私はまだ入社して間もない新人なのに、お客様は6千円もの大金を払って来てくれるのですから。

もちろんお客様に怒鳴られたことも、目の前でポイントカードをビリビリに破られたことも、営業後に謝罪電話で2時間怒られたことも、お直しだらけなこともあります。

誰も守ってくれない環境下で、悔しい思いも辛く悲しい思いもたくさん経験しました。けれど、**この環境を選んだのは自分。**

もしここでいつも先輩に守られていたら、謝罪や怒鳴られることの悔しさや悲しさを真摯に感じることができただろうか。

お直しを先輩に任せていたら、自分の技術力のなさとお客様への申し訳ない気持ちを肌で直接感じ取ることができただろうか。

そう考えることで、**この経験すらも全部「愚痴」ではなく「糧」にする**ことができました。

お客様から叱られる原因は、技術力のなさだけではなく「人間力のなさ」にもあると思います。**「人間力」は、自分でなんでも経験することで培われます。**

入社してすぐに先輩がゼロになるなんて経験、ほとんどの人がしないと思いますが、私はその経験があって今があると思っています。

p 296

必要なのは、技術力だけじゃない！

施術をたくさんこなすうちに、次第にお客様が指名してくれるようになりました。

指名をもらうために必要なのは、技術力だけではありません。人間力や人間味がすごく大事です。技術がうまくて選ばれるのは当たり前。それ以上に、「ｍｉｃｈｉｋｏ」という「人」を選んでもらえる努力をしなくてはなりません。

なんの知識もない私は、**まず「知る」ことに特化**。社会常識や言葉遣いなどのマナーを学ぶところから始めました。

それから、世代別に流行っていることや曲やモノ。ファッションや幅広い趣味のこと。時事的問題や、働いているエリアのこと。日本全国の名産地や世界のことなどなど…。どんな接客をしたら次の指名に繋がるのかを考えながら、どんな人にも対応できるようとにかく片っ端から情報を集めました。

もちろん教えてくれる人はいませんから、失敗と勉強のくり返しです。

誰よりも努力し、たくさんのお客様に助けてもらったおかげで、私は成長することができました。今思い返しても、学生上がりの私にとって膨大すぎる学習量でしたね。

起業への道

このようになんでも自分で経験し開拓してくると、「自分のお店を持ちたいな」と思うようになるのは自然な流れでした。まずはフリーランスから始めることにしたのですが、ここですぐ壁にぶつかります。「自分にはこんなにたくさんの指名客がいるんだから、結構お客さん来てくれるだろうな。」と、完全に集客を甘く見ていたのです。

もちろん、現実はそう甘くはありません。来てくれているお客様は少数はいましたが、想定よりもだいぶ少なかったのです。このとき感じたのは、お客様は「ｍｉｃｈｉｋｏ」を指名していたのではなく、「眉毛専門サロンにいるｍｉｃｈｉｋｏ」を指名していたということ。「そうか、みんなあのサロンにいる私を見ていたんだな」ということに気づき、くだらないプライドと自信が総崩れしていくのを体感した出来事でした。

そんな私を支えてくれたのは、私の元に来てくれるお客様たち。「もっとこうしたほうがいい」などのアドバイスをたくさんくれたのです。生活苦ではありましたが、「ここで退いたら自分に負ける！」そう思って心を再起動！またイチから勉強のやり直しです。

「お客様の声の重要性」と「頼る」ということ

まずは**自分のコントロールと分析をする**こと。それから**自分の知識を増やす**こと。ありとあらゆる勉強です。本やネットも大事ですが、やっぱり**人と会って話すことが一番の勉強**になります。

技術もそうです。たとえば、「痛くない毛抜きのやり方」って、調べたらたくさん出てくるんです。でも私は調べません。男性／女性、毛が薄い／濃いなんかによって、「痛くない毛抜きのやり方」はさまざまだからです。実際にモデルさんを呼んで、いろいろ試して「自分で体感する」ことが大事。

お客様の声が一番の教科書です。そうこうしているうちに、再びお客様がたくさんつくようになりました。

そして次のステップ。いよいよ「自分のお店」を叶えるために行動を移すときです。私に足りないのは・・・ズバリ「経営力」。

数字にも弱いし、手続きなど何からしていいのかさっぱり。もともと性格的に人に頼るのは嫌いで、全部自分でやりたいタイプの私。

でも、私が技術に集中してお店を回すには、どうやら経営は得意な人に任せたほうがいいのかもしれない。そう思うようになりました。

「人に頼る＝私が全部したいから無理」から**「人に頼る＝自分のしたいことに集中できる」に脳内変換した**のです。

眉毛専門サロンTOKYO BABEの誕生

とはいっても、こういうことは信頼できる人にしか頼れません。そのとき思いついたのが、当時の婚約者「ざぶ」です（今の旦那です）。

普通の会社員だったざぶを口説きに口説いて一緒に事業をすることに。

今思えば、とんでもない頼みごとだなと思いますが、トントンと話は進んでいき、串カツ屋でお店の名前を決めました。

日本のどこでも、世界のどこでも活躍できるように「ＴＯＫＹＯ」は必ず入れよう。そして可愛い子（ＢＡＢＥ）が増えてほしいから、合わせて「ＴＯＫＹＯ ＢＡＢＥ」。

そこからスタートして２０２０年９月、４年目を迎えました。スタッフや支えてくれる皆様のおかげで、経営はずっと右肩上がり。雑誌やテレビの取材も受ける、業界では有名な眉毛専門サロンになりました。

育児に奮闘しながら

この間、プライベートでもたくさんの出来事がありました。なんとこの3年のうちに妊娠と出産を2回。妊婦〜育児〜妊婦〜育児の繰り返しの日々でした。

ホルモンバランスも体調も崩れやすく、葛藤もありました。このままやっていけるのか？自分のサロンなのに数ヶ月いないなんて私の存在意義はあるのか？そんなマイナスのことを考えることも少なくありませんでした。産後は１ヶ月で仕事に復帰し、めまぐるしい毎日。育児をしながらの仕事はもちろん、楽ではないですね。正直言って大変です。

でもそれを苦労とは思っていません。なぜなら、それもまた**自分の選択したことだから**です。

ある人にとっては、産後1ヶ月で仕事が辛い。

でもある人にとっては、仕事がすぐできる環境がうらやましい。


ある人にとっては、子どもの成長をママなのに見れないのが辛い。

でもある人にとっては、社会から取り残される感じが辛い。

私が仕事で育児のできない時間は、ざぶ（主人）がこどもを見ています。でもそれって普通のことだと思いませんか？ どちらかが仕事をしてもいいし、両方がしてもいい。どちらかが育児をしてもいいし、両方ともしてもいい。パパも見たいだろうこどもの成長をママがいつも間近で見れるのは、そのときパパが働いてくれているから。逆も然りです。今や、写真や動画をたくさん撮れる時代。瞬間、瞬間をおさめていれば、後でそのときの気持ちは共有できるんです。
何事も考え方一つで変わると思います。どんな状況に置かれても、プラスに。ポジティブに捉えることができれば、人生は楽しくなると思います。

「苦労」とは「苦しい労」と書きますが、自分の目標・目的を達成するために必要なこと。なので、**【苦しい】ではなくその先の景色を見るための【楽しい】段階**です。もちろん、大変なことも辛いこともあるとは思いますが、捉えかたで大きく変わります。

「頑張る」という言葉も【顔晴る】と捉えています。同じ言葉でも何か変わりませんか？本当に捉え方一つです。


そのような考え方で過ごした結果、現在は仕事も育児もそれなりに両立できています。

日中は保育園に預けているものの、夜はこどもとの時間をしっかり取れていますし、向き合う時間も作れています。


仕事では、２０２０年１１月に3店舗目をオープン。

テレビに取材していただいたり、雑誌に掲載していただいたり。売上も右肩上がりで、スタッフは現在約２０名。ざぶと作り上げたこのサロンがこんなに大きく成長して嬉しいです。

「家庭以外の場所で夫婦で何かを造る」という、すごく良い経験をしています。

この著書もそうですね。これまでの結果が出たからこそ、今この文章を書けています。

一歩踏み出すために必要な5つのこと

何かしたいけど一歩を踏み出せないあなたへ。
私の経験から伝えたいことが5つあります。

①無理せずチャレンジすること

無理をすると、夢はどんどん遠くなります。漠然とした夢は大事だけど、まずはその夢を叶えるために、達成できる目標を立てて一つ一つクリアすること。

本当に小さいことからでいいんです。その小さいことをクリアすることが自分はできるという自信に繋がり、自分という人間を肯定できるようになります。

②勉強し吸収し続けること

生きている中で、勉強しなくなったら何も成長しません。何かを踏み出したいのであれば、必ず勉強と吸収はつきものです。絶対に怠ってはいけません。

③ときには人に頼ること

私も昔は人に頼ることが苦手でした。でも頼ることってすごく良いことです。作業効率が上がりますし、全部自分でやろうとすると絶対にどこかにしわ寄せが来ます。悩み一つとってもそうです。誰かを頼って相談することで、心がスッキリして仕事や家庭に向き合えます。人は1人では生きていけません。頼れる人には頼りましょう。

④自分にはできないと思わないこと

何もしないうちから「どうせ私は・・・」なんて思わないでください。

まずはやってみること。失敗なんて怖くないです。

むしろ失敗はするものですし、失敗から学ぶことは多くあります。あなたは必ずできます。

⑤変なプライドは捨てること

良いプライドは持つべきです。ただ、頑固なプライドは捨てましょう。

あなたの成長の妨げになります。

謙虚に。いつも学ぶ姿勢で。本当の意味で素敵な良いプライドを持ちましょう。

女性でも必ず活躍できます。ママでも必ず活躍できます。

顔晴る姿は誰かが必ず見ています。
私の好きな言葉はたくさんありますが、その中でもシンプルかつ背中を押される言葉。
【努力は決して裏切らない。結果が出ないならそれはまだ努力が足りないだけだ。】
これをモットーに、私はこれからも努力し続けます。

michikoさんの
インスタグラムはコチラ

全身脱毛からＶラインへの需要の流れを見逃さず
京都初のブラジリアンワックス脱毛サロンを開業！

ブラジリアンワックス脱毛サロン
南井 政子

Profile

ブラジリアンワックス脱毛サロン
Bijou　代表

エステティシャン時代にブラジリアンワックス脱毛に出会い、その１ヶ月後に京都初のブラジリアンワックス脱毛サロン店「Bijou」をオープン。２年後にはビル一棟を借りるほどに急成長させる。インドネシア政府認定ブラジリアンワックス脱毛ディプロマも取得（当時世界でただ一人）。インドネシア最大級のスパやバリ島に初進出するサロンのスタンディングにも携わる。

message

小さなマルの積み重ねが
あなたを強くする！

p 308

実は私、宇宙人なんです

チキュウノミナサン、コンニチワ。

私は、京都で初めてのブラジリアンワックスサロン店「Ｂｉｊｏｕ」を経営しています。生まれも育ちも京都・・・と言うと聞こえは良いのですが、本当の私はシリウス生まれのアンドロメダ育ち。コードネームはＭＩＩＳＨＡ。そう、私、宇宙人です。やっと本来の自分に、年齢とカラダが追いついてきて、ホッとしている今日この頃。前世はシャーマンや呪術師など、主に白魔女として生きてきました。日本では、今から１２００年程前に、東北の山中にある神社で巫女として奉仕をしていたこともあります。

魂が生まれ変わるたびに「いつ、同じように生きづらさを抱えておられる方へメッセージを届けようか」とタイミングを見計らっていたのですが、やっとその時がきたようです。「本当は私も宇宙人なんです」という方もいらっしゃるのでは？　私がずっと封印してきたこの想いが届くといいなと思います。

見た目は子ども、ナカミは大人

思えば私、３歳のときにはすでに宇宙人としての自我が目覚めていました。子ども扱いしてくる大人達を「私は全部わかっているんだからね」という目で見ていたのを覚えています。そんなふうに考えているわけですから、当然言動も３歳児らしからぬものでした。

ある日母と買い物をしていると、前から来た女性のカバンが私の頭にぶつかりました。おそらく女性の視野に私が入っていなかっただけなのでしょうが、３歳児にとっては殴られたも同然。体がぐらりと傾くほどの衝撃を受けました。

普通の子どもなら驚き、もしくは痛くて、泣いてしまうでしょう。

でも私はこみ上げてくる怒りを抑えることができず、次の瞬間には「痛いな！　あやまり！」と女性に向かって怒鳴っていました。たった3歳の女の子が仁王立ちになって大人を怒鳴りつけるなんて、その様子は誰が見ても異常だったに違いありません。

この出来事で、「まったく！　今回の魂はなんて小さいボディーに押し込まれたんだ！　早く大きくなる！」と誓った瞬間でした。

「感情」がわからない

このように、体は小さくとも頭の中は大人顔負けの私。ですが、まったくもって理解できないものがありました。

それは人の「感情」です。**相手の気持ちがまったくもって理解できない**のです。

相手の感情がわからないのだから、幼い頃はよくトラブルになったものです。泣いている友達に、「なんで泣いているの？　嬉しいの？　悲しいの？　怖いの？…あ！　怒っているの？　それとも寂しいの？」と質問攻め。

わからないから聞いているだけなのですが、余計に友達を泣かせてしまうこともありました。おかげで、小学生の通知表には6年間こう書かれました。

「協調性なし。落ち着きがない。団体行動苦手」

もちろん友達だけでなく、自分の親の気持ちだって理解できません。私が想いを伝えても受け入れてもらえないことに「なんでわかってくれないの」ともどかしく感じたりもしましたが、途中から「まぁいいか」と思えるようになりました。

私は人と視点が違うし、そもそも自分自身の事すらよく分かっていないのに他人のことを理解できるわけがない、と考えるようになったからです。

そうして私は、幼いながらに他人のことを理解しようとすることを諦めたのでした。

今思えば、私が地球に来た理由の一つは、感情を学ぶことにあったのでしょう。地球に来てそれなりの年月が経った今なら、「察するってこーいう事ね」と分かるんですけどね。

ターニングポイントは7歳での起業

このように普通の感覚ではなかった私ですから、初めての起業も7歳という早さで成し遂げます。

小学生になって初めて近所に友人ができた頃のことです。私の家に遊びに来ていた友人が自宅へ帰ろうとしたとき、突然雨が降ってきます。

「大変！雨に濡れてはいけない！」

そう思った私は、とっさに台所へ行き、大きなブルーのゴミ袋を引っ張り出し、首と手が出るようにハサミでビニール袋に穴を開けました。そう、即席レインコートの完成です。私も友人も大はしゃぎ！　レインコートを着た友人は、雨に濡れることなく無事帰路につくことができたのでした。

この話はここで終わりません。

レインコートの一件は口コミで広まり、いろんな人から「ブルーのポンチョが欲しい」と言われるようになったのです。私はその希望に応えるべく、いくつものポンチョを作ることにしました。もうお気づきの方もいらっしゃるでしょうが、これこそ私の初めての起業です。開業届も資本金もありません。子どもの遊びの延長じゃないかと思われるかもしれません。しかし、当時も今も私の中ではれっきとしたビジネスです。ポンチョから需要と供給について学び、子どもながらにマーケティング調査もしたのですから。

《ニーズとウォンツ》

手段：ポンチョ（ブルーのレインコート）

目的：雨に濡れないため

《コピー》

ビジネスがうまくいくと人にコピーされる。他との違いを生み出せば良いと感じる。

《差別化》

皆と同じでは個性がないので、ポンチョのオリジナル化を図り、左下に名前を貼り付けることにする。細く切ったガムテープで名前を貼り付けるが、このとき書式をひらがなにすると「の」「あ」等が難しかったため、作業効率と見栄えを考え、カタカナにする。これでオリジナルポンチョの完成！

《価格設定》

当時は10円でお菓子が買えた時代。売上が20円あれば大丈夫と思い、ポンチョ1枚20円に設定。

家内工業と内職に励む小学生

ポンチョの製造販売はすぐに軌道に乗り、ありがたいことに注文が相次ぎます。だんだん一人でポンチョを作ることに限界を感じ、友達を巻き込んで家内工業をスタート。一人に対して2枚ずつ袋を渡し、「1枚は自分用、もう1枚は友達用のポンチョを作ろう」と提案。

そうすることで、自分用のポンチョはタダで作れると。そうやって、友達に20円で袋を売っていったのです。

ところが、我が家のリビングが子どもたちであふれかえったこと、また、子ども同士で金銭のやり取りをしていたことが母にバレて叱られます。それに、キッチン下のゴミ袋がなくなってしまいました。

このとき私は、資源には限りがあることを知ります。価格設定のミスにも気付きました。

ポンチョ事業はあえなく廃業となりましたが、ここで学んだことや実践したことは間違いなく今のビジネスの土台となっています。

このポンチョ事件こそ、30年後の起業につながる第一歩だったといえます。

またちょうど同じ頃、友達の持っていた消しゴムを欲しいがために、授業中机の下で作った粘土の人形と物々交換をしていたこともありました。(どうやら授業中に机の下で粘土制作する事を「内職」とよぶらしいこと)

そしてそれはお金がなくても欲しいものを手に入れる方法であることなどを学びます。

まあこれも、案の定先生に叱られて廃業したのですが。

大きくなった宇宙人、本格的に起業する

アンダーヘアーにチャンス到来のニオイを感じる

京都でブラジリアンワックスサロンをオープンさせたのは、今から12年前のことです。もともとエステティシャンだった私が、なぜブラジリアンワックスに惹かれたかというと、当時、全身光脱毛の価格が3桁を割って80万→48万→28万とどんどん値崩れしていたんです。また、脱毛の意識も脇からVラインへうつり始めたところ。

つまり、全身脱毛よりもアンダーヘアーのお手入れの需要なんです。「今がチャンス！」とばかりに、アンダーヘアーについて検索すると、たまたまヒットしたのが「ブラジリアンワックス」だったわけです。

それに、当時はまだ京都にブラジリアンワックスサロンがひとつもありませんでした。誰もしていないこと、つまり無から有を生み出すことにワクワクしたというのも開業の理由でした。

さて、ブラジリアンワックスなるものを知ってすぐ、ロス帰りの先生に師事をお願いしました。それが2009年12月。で、お店のオープン（開業）はその1ヶ月後の2010年1月。まさにスピード勝負！　オープンまでの1ヶ月の間に施術したモデルは、たったの3名。ドタバタの毎日でしたが、ただただワクワクしていたので、大変だと感じた覚えはなかったですね。当時上の子が中1、真ん中が小4、一番下は1歳2週間でのワックスサロンOPENでした。

ポンチョからアンダーヘアーへ

先述したように、ブラジリアンワックスサロンの開業にあたっては、7歳の頃のポンチョ事件の経験がかなり活きました。

・箱の用意（テナントｏｒマンション）
・他店との差別化
ー営業時間９：００～１８：００
ー物販なし
ー年間契約なし
ー入会金なし
ーキャンセル料金なし

ほかにも起業において一番大事なことを伝えますね。

「オープン日と店名を一番に決める」ということです。

技術をいくら積んでも、ディプロをいくら取得しても、オープン日を決めない限り、お店のオープンは「いつか」のままですからね。

そして、**メディアのたれ流すだけ情報に左右されない生き方が大切**です。我が家にはテレビも新聞もありません。

私にとっての最大のヒントは、**人からのリアルな情報**です。もしメディアからの情報だけに頼っているのなら、一度立ち止まって生の声に耳を傾けてみてください。

ブラジリアンワックス業界を総ナメ!?

時代を先取りした事で、翌年の2011年にはサロンの規模を拡大。2012年9月にはビルを一棟借りし、路面店としてスタートさせます。また、海外でも活躍する機会を得ました。「Queen Rose」というインドネシア最大級のスパで、ブラジリアンワックスの講師としてスタンディングに参加したのです。さらに、バリ島に初進出するサロン設立にも携わります。この頃、インドネシア政府認定ブラジリアンワックス脱毛ディプロマも取得。当時世界でただ一人、私だけでした。

「志」なんてなかった

今でこそブラジリアンワックス業界を謳歌している私ですが、もともと美容業界に入ったきっかけは当時の彼氏（のちに旦那）から「結婚するならフリーターはやめてほしい」と言われたことでした。

化粧品販売とエステティシャンという選択肢のうち、一生涯物を売る仕事は嫌だなと思ったので、エステティシャンを選択。そんなわけで、私は志があってエステティシャンになったわけではありません。でも、最初から志なんかなくてもいいんです。

目の前にある仕事を一生懸命することで、必ず次へのヒントが見えてきます。貴方がすべき道の上にいるのなら、それは本道。歩み続ければその先に「志」が見えるでしょう。

美容業界に入って２８年、お客様から日々感動を頂いております。共に笑い、共になみだした日々。感謝以外のなにものでもありません。

本当にやりたいことなら、苦労を工夫に変換する

ビジネスをしていると、その過程で辛いことや大変なことはもちろん出てくるでしょう。

でもそれが「苦労」かというと、本当にそうでしょうか。苦労したかどうかは、その人の物事の捉え方によるのではないでしょうか。人は感情の生き物です。そのときの感情によって、目の前で起こった出来事を良くも悪くも捉えられます。同じ晴天の空でも、気分が良いときは気持ち良いと感じるのに、気分が沈んでいるときは寂しく映ったりしますよね。

事実や出来事はいつだって無色透明。それにどんな色をつけるかは自分次第なのです。

初めて起業した7歳の私も、ブラジリアンワックスサロンをオープンさせたときの私も、ワクワクであふれていました。色々な経験もしたけれど、苦労したとはまったく思いません。やりたいことをやっているのだから、大変なことがあっても苦労とは感じないはずです。

大変とは、大きく変わる事だと教えて頂いた事があります。自分を大きく変えること、つまりはチャンス到来ともとらえることができます。

サロンを経営していると、たくさんの出会いに恵まれます。短大生だった方が、就職して共に悩みを聞いたり励ましたりする存在になったり。恋愛でいつも泣いていた方が、素敵な家庭を持ったり。いつも皆さんと感動を共有させて頂いていることに感謝しかありません。辛いことも大変なことも、よかったことも感動したことも、すべての出来事を受け入れて感謝することができた瞬間、世の中の見え方や捉え方が変化します。そうすれば、目の前の出来事が違って見えるはずです。

宇宙人からあなたへメッセージ

商品より、あなた自身に価値がある

２０２０年、世の中は「土の時代」から「風の時代」に移り変わったといわれます。約２００年ぶりの時代の変革。物質的なものから精神的・抽象的で目に見えないものへと人の意識や価値基準が移ったのです。

たとえば、情報や知識、付加価値といったものがそうです。目には見えないけれど、そこに価値をおく時代です。

あなたが提案するモノ・サービスの価値とは、あなた自身の評価や経験が乗った総合評価です。ということは、ズバリ、資本になるのはあなた自身なのです。

あなたがお客様にモノやサービスを提供するとき、ぜひ夢を乗せてあげてください。化粧品って、イメージガールをしている女優のCMを見て購入するでしょう？ あれと同じです。お客さんに商品を売るなら、「私もあんな風になれるかも」とイメージを膨らませてあげることが大事。そのイメージを作るのは、あなた自身の経験や評価といった生き方なんですよ。

宇宙人の私から、商売のヒントを

「月100万稼げるのか？」という問いに、私は「YES」と答えます。この世は物流か付加価値がなければ仕事にならないと思っておくといいでしょう。

自分にしかできないことは何か？ あなたと関わる人をどれだけ笑顔にしたいか？ ということを常に考えてください。

（笑顔＋ありがとう）×多さ＝お金（対価）

人を笑顔にするんです。ただこれだけ。簡単でしょう?
ここで、起業をめざすあなたに、私から5つのヒントをさしあげます。

①自身の生き方を決めること

「自分に合う仕事ってなんだろう?」と考える人がいるけれど、その前に「どう生きたいのか?」を考えましょう。仕事はあくまで手段です。生き方が決まっていないのに、自分にあった仕事なんて見つかるわけがありません。

②自分軸であること

あなたは自分軸で生きていますか? 他者や環境のせいにしている、つまり他人軸で生きている間は、あなたの人生は未だ始まっていないようなものです。自分軸で生きると、人に惑わされることがなくなりますよ。

③自分の時給を決めること

自身で年収を決めましょう。

④自分にしか出来ないことをする

自分よりも得意としている人がいる仕事は、その人にお任せ致しましょう。他人の仕事は取らないこと。適材適所が大切です。

⑤ご機嫌さんでいること

自身の機嫌は自分でとりましょう。誰かに機嫌を直してもらおうと甘えないこと。自らの好きなモノに囲まれていることはとっても大事。

好きなキャラクターでお部屋をかざったり、たとえば私の場合、ご褒美といってはアイスを食べたりケーキを食べたりして、自分の機嫌をとっています。

また、マゼンダカラーが好きなので、ファッションのポイントに取り入れては気分を上げています。ちなみに、色にも意味があるんですよ。（リンク参照 https://www.i-iro.com/psychology）

小さなマルを積み重ねていこう

「ワクワクドキドキ」も「ハラハラドキドキ」も、胸を打つ鼓動はどちらも一緒でしょ？

それなら、ワクワクドキドキにベクトルを合わせていきたいと思いませんか？

私は今までもこれからも、ワクワクすることしかしません。たとえどんなにお金を積まれても、嫌なものは嫌。**お金ではなく、心のベクトルに従うまで。**

過去の出来事に意識をとらわれないでください。楽しみや悲しみ、怒りや苦しみさえ、ただの経験に過ぎません。

それらを経験できたこと自体がすばらしいのです。その経験を積めたことに感謝できれば、人生は楽しく美しいものへと変化するでしょう。**HAPPYの数が多ければ人生二重マル！**この小さなマルの積み重ねが、自己肯定感を上げてくれます。

はじめから50マルなんて求めなくてもいいんです。自分自身にたくさんの小さなマルを出してあげてください！

Q．起業できるか？

A．YES．この書籍を手にとった貴方は起業できます。

なぜなら、意識（ベクトル）がそこに向いたから。

2021年に思う事

貴方の人生においての主役は貴方です。私たちはワキ役にすぎません。人生を舞台に例えるなら、演目は悲劇ですか？ それとも喜劇ですか？ 貴方が演じるのは？

舞台では幕間（休憩）があるように、人生にも休息が必要です。さぁ、次の幕開けです、ただし、お願いがあります。どうぞ幕が降りるまで、貴方から舞台を降りないでください。

南井政子さんの
インスタグラムはコチラ

10代シングルマザーが
ある日突然福祉施設の経営者に！

福祉施設
本田 智見

Profile

特定非営利活動法人こほく自立応援センター
理事兼事業責任者

高校を休学し19歳で結婚＆初出産するも2人目の出産後に離婚しシングルマザーに。21歳で福祉施設の経営を始めたもののお金・人脈・知識がなく苦労する。しかし諦めずに行動し続けたことで事業も軌道に乗り、今では4人の子育てをしながら福祉事業以外にも行政やまちづくり関係の委員会にも参加。また地域情報誌「ぽてじゃこ倶楽部」に毎月、男女共同参画をテーマにミニコラムを掲載中。

message

ひとりの人間としての
「自分」を一番大切にする

p 330

若さと勢いで生きてきた

福祉事業って一体どんな仕事？

私は現在、特定非営利活動法人こほく自立応援センターにて、理事兼事業責任者をしています。法人の主な事業内容は、就労継続支援B型事業所「こほく自立応援センター」と、共同生活援助事業（グループホーム）「自立ホームすみれ」の運営です。就労継続支援B型とは、一般企業での就労が困難な障がいがある方に対し、就労に必要な知識の向上および訓練を提供する障がい福祉サービスのこと。

共同生活援助（グループホーム）とは、少人数での共同生活が可能な障がいがある方に対し、生活の支援等を提供する障がい福祉サービスをさします。

この２つの事業所にて、管理業務およびサービス管理責任者として日々勤務しています。

転校、だけど妊娠・結婚で…

私は、母なる湖「琵琶湖」がある滋賀県で中学生まで育ちました。高校は、両親のすすめで京都の烏丸御池にある平安女学院高等学校に進学。朝は教会で賛美歌を歌ってお祈りし、テニス部や写真部に入って部活動もしながら、勉強をするという日々を送っていました。

１６歳の夏、広島ＹＭＣＡで開催されたピースセミナーに、これもまた両親のすすめで参加します。そこで、同じく学校行事の一環として参加していたＹＭＣＡ学院高等学校（大阪 天王寺）の生徒たちと知り合い、主体性を持って生き生きと自分らしく過ごす活発な生徒たちの姿に感化されます。自分もＹＭＣＡ学院へ行きたいと思い、広島より帰宅後両親を説得。高校２年生のときにＹＭＣＡ学院高等学校に転校します。

せっかく転校した高校ですが、１８歳のときに前の夫と知り合い、妊娠。高校を休学して１９歳で結婚し、長男を出産することになります。

前の夫の実家がお寺であったため、夫婦でお寺を継ぐために高校を退学。しばらく育児に専念して、平成２０年に次男を出産することになりました。

10代シングルマザーが突然、経営者に

福祉に携わることになったきっかけは、障がい者施設を任意団体として運営していた父のもとに、幼い子どもたちを連れて仕事を手伝いに行くようになったことです。

ちょうどその頃、全国的な流れとして、障がい者施設の質の向上のために任意団体から法人格を持つ組織へと変わることが福祉団体に求められるようになっていました。

これを受けて、父はＮＰＯ法人設立の準備をしつつも運営を断念することを視野に入れていました。私は、任意団体に通う障がい者の方から、引き続き施設をやり続けてもらえるよう父にお願いしてほしいと懇願されます。

父にその旨を頼みに行ったのですが、返事は「やっぱり継続は難しいかな」というもの。それならばと、「私が明日から施設をする！」と勢いで言ってしまったのです。父は驚きながらも、「できるのならどうぞ」とその場でＯＫ。

任意団体の通帳を父から手渡されました。２１歳のときでした。

やっぱり高校を卒業したい！

翌日、施設の職員と市役所の担当課に「今日から私が施設を運営します宣言」を行いました。父が準備しはじめていた法人格を使い、翌年の平成２１年に「特定非営利活動法人こほく自立応援センター」として法人登記を行い、本格的にスタートをきることとなりました。

ＮＰＯ法人を運営し始めて思ったことは、「やっぱり高校を卒業したい」ということ。

そこで、滋賀県立大津清陵高等学校の通信部に入学。仕事と育児のかたわら全日制に通う時間はなかったからです。

その後、高校を無事卒業し、社会福祉法人華頂会・華頂社会福祉専門学校社会福祉科に入学・卒業しました。

プライベートでは、次男出産後に間もなく離婚しています。今の夫とは平成２４年に再婚し、３男を出産。平成２６年には４男を出産して４人の母となりました。

人生のターニングポイントは離婚じゃない

離婚はむしろプラス

離婚を経験した女性は、「人生のターニングポイント」といえば、シングルマザーになったときを挙げられる方が多いかもしれません。

でも、私はすでに働いているときに離婚したので（むしろ働いていたから離婚する決断が出来たのだと思います）、**離婚したことはマイナスではなく、むしろプラス**だったと思っています。（前の夫も再婚し、幸せそうにされているので何よりです。笑）じゃあ私のターニングポイントはというと、やはり「２１歳のときに勢いで福祉施設の経営・運営を始めたこと」「全く知識のない状態でＮＰＯ法人の運営を開始したこと」に尽きます。

若い頃の苦労は役に立つ

「苦労は買ってでもしろ」という言葉がありますね。これは若いうちの（経験の浅いうちの）苦労、つまり**挑戦や失敗、手間や努力といったことは将来めちゃくちゃ役に立つ**という意味です。まさにこの通りで、２０代の私は挑戦と失敗、恥をかいては謝って…の繰り返しでした。

とにかく、当時の私に必要なものは

・経営の知識（会計、労務含め）
・地元でＮＰＯ法人、福祉施設をするための人脈や作業を探してくる。
つまり、営業。（障がいがある方へ提供する仕事確保のため）
・福祉的な知識（それも障害福祉分野）
・基本的なビジネスマナーや世の中の常識（無知な１０代から突然の経営者ですので…）

と多岐にわたりました。

でももちろん、高校生（普通科）から専業主婦をしていた私は、どれも持ち合わせておりません。そして、２人の幼児の子育て（しかもシングルマザー）というハードルももちあわせていました。

とにかくがむしゃらに

でも、勢いで施設をすると言い切った私には、もう意地と根性で進むしかありません。

わからないことは他の法人の福祉施設へ直接聞きに行き、仕事の仕方を教えて頂きました。どこの法人さんも心配しながら丁寧に教えてくださったことを覚えています。

パソコンを使用することも最初は難しく感じたので、休みの日には地元のパソコン教室へＷｏｒｄ・Ｅｘｃｅｌ操作を習いに通いました。夜は子どもたちが寝てから簿記の勉強をする毎日。そのうち福祉の勉強をするために専門学校へ行きたいと目標を決め、そのためにまず高校すら行き直すという、自分の時間なんて全くない怒涛の日々だったのです。

このがむしゃらな猪突猛進っぷりが、その後の仕事に生きてきます。睡眠時間を削って高校と経営（会計）と福祉の勉強をした20代前半こそが私のターニングポイントです。

余談ですが、20歳頃の私は金髪で、私服は網タイツを愛用、短いスカートにピンヒールという容姿でしたので、当時のことを知っている業界の方々にはいまだに「ギャルが福祉施設をつくったと話題だった」と言われます。

会議にすらふりふりのお洋服で行ってしまった私ですが、「場所にはふさわしい服装がある」というマナーも少しずつ学び、今では場面に合わせた服装ができる大人に成長しました。

ゼロからすべてを築き上げる

人脈の大切さを知る

シングルマザー時代（20歳〜）に福祉施設を運営、経営をはじめた私ですが、前述のとおりお金も知識も人脈もなかったので、全てにおいて苦労しました。

当初は今と比べると事業収入も少なかったので、自分の給料より雇用している方々への給料を優先し（当たり前ですが）、色々な労務や経営に関するセミナーに参加して知識を得たりして、なんとか運営を続けていました。

とにかく、NPOの運営はひとりでは出来ません。

「法人に関わってくださる地域の方を増やしていかないと」と思った私は、地域のボランティア活動にも積極的に参加し、地元の知り合いや友人を増やしました。

すると、「こんなＮＰＯをしています」といろいろな方とお話する機会も増えていき、実際に私の福祉施設まで足を運んで見に来てくださる方もどんどん増えていきました。

運営が軌道に乗ってきたのは、２６歳の頃。

施設の数を増やして事業を拡大し、年々関わってくださる地域の方や福祉施設を利用したいとおっしゃってくださる方も増えてきたのです。

その頃地元の青年会議所にご縁があって入会したのですが、ここで一気に地域での輪が広がっていき、さらにたくさんの良いご縁をいただけるようになりました。

初めての大きな買い物

事業を始めて７年。将来の安定した経営基盤を築くために資産を作ろうと思い、今まで賃貸で貸して頂いていた土地建物を購入。

また、老朽化した建物は建て直して綺麗にしました。地元の銀行より建て替えの事業資金としての融資を受けたのですが、２０歳から経営を始めていたにも関わらず、数千万の事業計画に自分自身がＧＯサインを出すことへの責任の重さをこのとき初めて感じたのを覚えています。

今までは自分自身の中に甘えがあったのだと思います。甘えとは、「仕事を辞めて専業主婦になる選択肢がある」という意味です。

夫は、「仕事は応援するけれど、辞めて主婦でも構わないよ」というスタンス。「辞めないよ！」とは言い続けていたものの、その夫の言葉に甘えていた部分が心のどこかにあったのでしょう。

銀行から多額の融資を受けたときそのことに気づき、同時に、その甘えはこれからの自分自身の未来において捨てるべきだと強く思いなおすことができました。

融資というものは借りているお金なので、返さないといけません。

事業を継続して１０年以上かけて返済をしていくという、経営者にとっては当たり前の責任を負うことができる身に立ったとき、２０歳の頃とは違う、また新たな覚悟を持てました。不動産の購入と建て替えは、もう一つのターニングポイントとして、また初心に戻り気合いが入った事柄となりました。

新たなステージへ

１４年ほど働きながら育児をしていますが、自身の法人の仕事だけでなく、ここ数年は地域の他の法人の役員をさせていただいたり、行政やまちづくり関係の県や市の委員会に委員として参加させていただいたりと、色々な場面で今までの私の経験を活かせる機会が増えてきました。

女性が若くして外で働く、責任のある仕事をする、まして育児と両立をするなんてことは、不条理なことや違和感のあること、理不尽な想いをすることも必ず出てきます。

私自身、２０代の頃は「若い女に（経営が）できるのか」と言われ、悔しい気持ちになったこともあります。

自分の経験が作る視点だけでなく、柔軟な立ち位置での多角的な視点を社会のあらゆることに対して持つ必要性、先を見通す力を持つ重要性を感じ、今年の秋よりお茶の水女子大学ビジネスリーダー育成塾「徽音塾」の塾生になり、ビジネスだけではなく、日本美術や文学も学んでいます。

まだまだ若輩者ですので、**謙虚に学ぶ姿勢で、自分自身の学びが地域への恩返し**となれるように日々活動したいと思っております。

あなたに伝えたい大切なこと

153か国中121位という「ジェンダー・ギャップ指数」（2020年）の世界ランキングを見てもわかるとおり、日本は女性にとってまだまだ性格差があり、生きにくさのある社会です。

それでも10年前と比べると、女性も様々な場面で社会参加できる世の中になってきたように感じます。その社会の変化は決して自然に発生したものではなく、女性たちが行動し、つかみ取ってきたもの。この本を読んでくださっている皆さんには、ご両親がいて、そのご両親たちには、またまたご両親がいらっしゃいますね。遡っていくと、**たくさんの人たちの命のリレーで令和の時代を生きる私達がここにいます。**

過去に激動の日本を生きてきたご先祖様達に想いを馳せると、自分自身の命がいとおしく、そして感謝の気持ちでいっぱいになりませんか？「**経営者**」**としての自分も大切ですが、ひとりの「人間としての自分」をまず一番大切にしたい**気持ちになりませんか？

私は、ただひたすら経営に向き合ったがむしゃらな１０年間を通じ、大切なのは人と人とのご縁と感謝する気持ちだと気づきました。

日々を丁寧に生きること。

助けて頂いたご縁はけっして忘れないこと。

感謝を伝えること。

したいことがあるなら具体的に考え、まわりに伝え、きちんと調べること。

思考というものは現実になります。きっとあなたを応援してくれる方も、あなたのまわりにたくさんいます。アクションし続けることで、状況はきっとよくなります。

自分らしく、はじめの一歩を踏み出してみてください。

本田智見さんの
インスタグラムはコチラ

輝く女性　file No.17　本田 智見

難病が教えてくれた世界一幸せな人生

話し方コンサルタント
八尾 ちなみ

Profile

8story　代表

２３歳で婚礼司会者となる。年間２００件以上の披露宴やブライダルイベントの司会を務めるほどの、まさに人気司会者だった。その後周りからの助言で「司会者を育てる」立場へとなるが、難病である潰瘍性大腸炎を発症し２０年活躍した司会業界の第一線から退くことに。現在は話し方レッスンやプロ講師養成、女性起業家支援、ナレーションや司会者、コーラスの指揮者として活動している。

message

生き方を変えるために
一番大切なものを手放す決意

p 346

どうしても避けたかった大腸全摘出

いよいよそのときが来た。そう思いました。

２００６年、国の指定難病である潰瘍性大腸炎を発症。この病気は大腸の内側の粘膜に炎症が起こり、びらんや潰瘍ができる炎症性疾患です。腹痛、下痢、血便、貧血、発熱、倦怠感、食欲不振、体重減少など、日常生活が成立しないほどの症状が出ます。幾度となく悩まされ、これまでに十回以上の入院を経験してきました。そして、忘れもしない２０１７年の１月。入院中に主治医から告げられた一言が、大腸全摘を視野に入れる、本気の言葉だったのです。

「先生、このまま痛みが辛いからと、勢いに任せて全摘するのは嫌です。最後に、人間らしい判断ができる状態にしてくれませんか。」

そうです。私はもう、人として正常な判断ができないレベルまで来ていました。この病気は、症状の出方は人によってそれぞれ。緩やかで落ち着いている寛解期と、ある程度の症状が出る活動期を交互に繰り返してしまうのが特徴です。

私は、なかなか寛解期を迎えることができない「難治性」でした。あらゆる薬や治療をしても、すぐに再燃して入院。しばらく療養しながら様子を見ているうちに、また悪化して入院。もう成すすべがなく、外科的処置である全摘をするしかないという主治医の判断でした。

絶食しながら点滴で生き延び、夜も眠れないほどの腹痛に耐え、意識も朦朧としている状態でした。今まで守ってきた私の大腸。もしサヨナラするとしても、納得してから決断したい。そう思い、これまで多量に摂取してきたので避けたかったのですが、ステロイドを服用することにしました。

結論から言うと、その後大腸を全摘することなく、少しずつではありますが、日常生活を送ることができるようになっています。

それは「**大腸を守るために、人生を変えよう。生き方を変えよう**」と決意したから。

大きな賭けに出た私の人生について、お話させてください。

日本一忙しいブライダル司会者

長女・一人っ子・優等生

１９７５年７月、長崎県長崎市にて花屋を営む両親のもと、長女として誕生。父方の祖父母と同居していたので、一人っ子で初孫の私は大人４人に囲まれた環境で、蝶よ花よと大事に育てられました。

小さい頃から習い事三昧の毎日。日舞、ピアノ、エレクトーン、そろばん、習字、ドラムなど、やりたいと言ったことは何でもさせてもらいました。

大正生まれの祖母は、礼節やしつけに大変厳しく、挨拶や礼儀作法について細かく指摘されていました。

商売人の両親にかわり、心優しい祖父と、母親の代わりにほとんどの学校行事に付いてきてくれた祖母に育てられたと言っても過言ではありません。

「ちなみちゃんはしっかりしとるね。挨拶もちゃんとできるし。よかお孫さんたいね。」

祖母と一緒に歩いていると、小さい頃からよくそんな言葉をかけてもらいました。

仕事が忙しい父や母に心配をかけることのない、手のかからない子。しっかりした愛想の良い、自慢の孫。

この幼少時代の環境が、結果として自分で自分を苦しめていくことになるとは、このときは知る由もありませんでした。

小学校では学級委員。一貫教育の中学・高学では、6年間ハンドベル部に所属し、部長を務めました。典型的な優等生タイプで、そのときのリーダー気質は、今も変わっていないようです。

田舎特有の閉鎖的な考え方。中高6年間女子校という独特な環境に生きづらさを感じ、私の九州人としての歴史は、18年で幕を閉じます。

九州人、エセ関西人となる

大阪音楽大学短期大学部のミュージカル科に入学。いよいよ、本当の私でいられる人生が始まりました。今でも忘れられない出来事があります。ある日ダンスの授業が終わったとき、A子ちゃんが言いました。

「なあなあ、この後ご飯食べに行かへん？」それに対して、B子ちゃんはこう答えました。

「ごめん、今日お金ないねん。またにするわ」するとA子ちゃんがこう返しました。

「うんわかった。ほなまたなぁ」この会話をそばで聞いていた私は、衝撃が走りました。

「えー！お金がないって言っていいの？またにするって言っていいの？それを聞いて怒ったりせず、普通に返事するの？大阪ってなんて自由なんだ！素晴らしい！」

大阪の裏表のないストレートな会話にノックアウトされ、私はここで一生生きていこうと心に決めました。大袈裟かもしれませんが、このときの気持ちを実行し、めでたく大阪ラブなエセ関西人になったのです。

まさに天職

さて、幼少期に祖父母に育てられたおかげで、昔ながらのしきたりや、丁寧な言葉の受けこたえが自然にできていたこともあり、23歳という若さで婚礼司会者となりました。

当時ブライダル業界ではこの年齢の司会者は大変珍しく、所属していた会場でも4〜5年間最年少司会者でした。

一生に一回の披露宴を担当することは、並大抵の責任感では務まらないものですが、どうやら私には向いていたのでしょう。

スタッフやお客様から指名が相次ぎ、一日2件は当たり前。3件担当することもあり、分刻みのスケジュールで動いていました。

全盛期なんて、一ヶ月に約30件の本番があり、年間200件以上の披露宴やブライダルイベントでマイクを握っていたほどです。

常に新郎新婦のことを考え、数十件のご両家の資料を持ち歩くのが当たり前。

「今、日本で一番忙しいブライダル司会者ちゃうか?」

会場の支配人に冗談まじりに言われたこともありますが、本当にその通りで、いつしか自分一人では抱えきれない状態になっていました。

そんなとき、「あなたの意志を受け継ぐ司会者を育てたらいいのに」と、周りから言われるようになります。

私としては、司会者という仕事は好きだけれど、社長になりたいという欲求は正直まったくありませんでした。とはいえ、発注をいただいてもお断りするのが忍びなく感じていたので、致し方なく司会者を育て始めることになります。このとき、私の背中を押してくれた大切な存在がありました。

同い年のいとこの死が教えてくれたこと

人間誰しもいつかは人生の終わりを迎えます。けれど、ときに「神様はなぜこの人をこんなにも早く天国に連れていくのだろうか」と答えの出ない問いかけをしなければならないことがあります。

私には、同い年の男の子のいとこがいました。小さいときから声を荒げることもない心優しい子で、女性だらけのいとこ達の中で一番穏やかなタイプだった彼。しっかり者の伴侶と巡り会い、かわいい娘にも恵まれました。

そんな彼に、あるとき悲劇が起こりました。進行性のガンが見つかったのです。２０代ということもあり、治療をいくら進めてもガンの進行が早く、みるみるうちに症状は悪化していきました。そして、彼は旅立ちました。

「人間の一生って何だろう。なぜ彼が、大切な妻と小さな娘を残して旅立たなければいけなかったのだろう。どうして、なぜ…」

どれだけ自問自答しても、答えなんて見つかるわけはありません。**どれだけ志があろうと、すべて命あってこそ。**今、この体が動き、頭が働き、やってみたらと声をかけてくれる人がいる。それが、どれほど尊く、ありがたいことなのか。**生きているうちに、できることは何でもやってみたらいいじゃないか。**

そう思わせてくれたのが、彼の死でした。その後、私が難病患者になって辛い治療を何度も受けていくことになるのですが、そんなときはいつも心の中でつぶやいたものです。

「たっちゃんも頑張ったもんね。大丈夫や。たっちゃん、私頑張るけん。見守っててね。」と。

世界一幸せな難病患者

治らない病気と言われて

いとこの死を乗り越え、周りの人に応援され、私は20代にして「社長」と呼ばれるようになりました。

自分も第一線で司会をしながら、新人を育てながら、派遣しながらという毎日。ブライダルという業界は、何かあってからでは遅いのです。

100点満点、いえ、それ以上の感動を与え続けることが求められる世界です。それまで以上に責任を伴うようになり、寝る間も惜しんで働いていました。

今思えば、事務所を設立した頃から予兆があったのです。年に数回、血便が出ていました。

町医者で診てもらい、抗生物質などで対応してなんとかその場しのぎをしていました。

２００６年のある日、血便の量と腹痛のひどさが気になった私は、総合病院を受診。

大腸カメラの検査をしました。

結果、「難病の潰瘍性大腸炎です。今の医学では治らない病気なので、上手に付き合っていきましょう。」そう告げられました。

正直、そんなにショックではなかったのです。誰でもアレルギーや持病があったりするし、３０代にもなると何かしら出てくるだろうと思っていたからです。

血だらけの大腸

しばらくは飲み薬や注腸で症状は緩和し、司会の仕事もいつも通り続けていました。

ただ、私には不安要素がほかにもあったのです。

同じ２００６年に発覚した、子宮筋腫。様子を見ていましたがかなり大きくなり、不妊の原因になっている可能性もあるので、２００８年に摘出手術をすることとなりました。

全身麻酔で開腹手術という、なかなか大掛かりなものでしたが、無事にオペは成功。日に日に元気に・・・となるはずだったのですが。

今度は潰瘍性大腸炎の症状が、どんどんひどくなっていきました。腹痛はもちろん、血便や食欲不振。

1日に何度も襲ってくる激痛のたびに、トイレへ走る。お尻のあたりの痛みが尋常ではなく、座っていることも眠ることもできない。

耐えに耐え、夫に支えられながら病院へ行き、大腸検査を受診。

すると、私の大腸は潰瘍でボコボコになり、血だらけで、ところどころ膿んでいる部分もあるほど壮絶な状態だったのです。すぐに緊急入院。

人生の中で、まさか一年に二度も入院することになるとは、夢にも思いませんでした。

座れないほどお尻が痛かったのは、肛門に一番近い場所である直腸のただれが、一番ひどかったからでした。

また、人生初の全身麻酔での開腹手術が体に大きなストレスとなったことが、潰瘍性大腸炎の悪化の原因だったということも後にわかりました。

ここから、私の人生の中での病院は、「第二の我が家、別荘」と化していったのです。

自覚のない完璧主義者は危険

「あなたは完璧主義者ですか」と聞かれ、「はい」と答える人は少ないかもしれませんね。私もまさか自分が完璧主義者だなんて、まったく思っていなかったのです。しかし、難病患者になったことで、私の人生観は一変しました。

それまでは「ちゃんと」「きちんと」「しっかり」しなければならない。そうすることが、大人として当然のことと認識していました。

自分の事務所の司会者にも、「私にできてあなたにできないはずはない。できないのは努力が足りないからよ」と平気で伝えていました。

はい、かなりのワンマン社長で、ギンギンに尖っていました。

「そこのけそこのけ、しば（旧姓）ちなみが通る！」と、偉そうに歩いていたような感じです。

あの頃の自分に言いたい。「あんたは神様か？」と。どれだけ偉いと思っていたのか知らんけど、嫌な奴でした。

そうやって周りにも厳しく、そしてそう言える自分でいられるために、さらにさらに自分にも厳しくなっていました。

当時の私は、休むことは悪、甘えることは堕落、誰かに任せるのは無責任だと思っていたのです。

こんな考え方で行動していると、もちろん体は悲鳴をあげ続けますよね。３０代は毎年のように入院。一年に二回入院も当たり前。誕生日や年末年始を病院で過ごしたことも数知れず。

大晦日の「笑ってはいけない」は、病室で本当に笑ってはいけないので、最高に面白かったのを覚えています（笑）。

そんな入院生活でも、いつもベッドに座って披露宴の進行表や請求書の整理をしていました。外出許可が出たら、すぐさま打ち合わせに行き、ときには点滴やカテーテルの針が刺さったまま披露宴の司会をしていました。

馬鹿です。大馬鹿ものです。病院は休むための場所。こんなことをしていたら、治るものも治りません。

今ならわかるのですが、そのときは酔いしれていたのかもしれないですね。

「頑張っている私ってかっこいい」ってね。それこそが、本当は一番かっこ悪いのにね。

知らず知らずのうちにすべて自分で背負い、無理難題を抱え込むことが崇高なことのように勘違いし、完璧であることこそが正解だと思い込んでいました。
自覚のない完璧主義者の見本のような人でした。

私が、私の大腸を守るために

「大腸を全摘したときのことを考えて、大学病院に行ってみないか」

この一言で目が覚めた私は、大学病院へ行き、全摘せずに済む方法を模索したいと担当医師に伝えました。

かっこ悪くたっていい。もがいてもがいて、最後の最後まであがいてみよう。それでもどうしてもダメだったら、潔く全摘しよう。

そして、一世一代の決意をしました。２０年間続けてきたブライダルの司会者としての私から卒業しようと。司会者ではない私は、まるで私ではないようにさえ思っていました。でも、司会者の代わりはこの世の中にいるけれど、私の大腸の代わりはどこにもいない。私が、私の大腸を守るために、一番大切なものを手放そう。そうだ。生き方を変えよう。人生を変えよう。私が私であることに変わりはないのだから。

それからしばらくは、仕事もゼロ、収入もゼロ。

副作用に耐えながら、自宅療養を余儀なくされました。でも、絶対に大腸を守ると決めたから。その決意に、一点の曇りもありませんでした。

体調が落ち着いてきた頃、いくつかの資格を取得し、起業塾に通いました。ビジネスの仕組みを一から学び、講師業だけで食べていけるだけのライフスタイルを手に入れることができました。

現在は、話し方レッスンやプロ講師の養成、女性起業家支援、コーラスの指揮、ときどき司会やナレーションというリズムで仕事をしています。

「ちなみさん、難病患者にまったく見えないよね。いつも会うと元気をもらえる」

その言葉が、一番の賛辞です。せっかく難病になったんですもの。

多くの痛みを経験し、人生にはどうにもならないことや諦めなければいけないこと、手放さなければいけないことがあることも知っています。

そして、そのときの苦しみがどんなものなのかも。

それでも、私の人生は幸せだと言えます。

そのときそのときに**最善最良の選択をし、すべて自分で決断し、そして自分なら必ずできると信じてきたから。**

今、私は自分の大腸と共に生きています。これからも、この体、この心、この声を使って、難病患者として病気と共存共栄していきます。


私は、世界一幸せな難病患者ですから。

八尾ちなみさんの
ホームページはコチラ

p 362

輝く女性　file No.18　八尾 ちなみ

p 363

高級店 No.1 嬢を引退し
ラブボディトレーナーとして起業！

ラブボディトレーナー
Lita（リタ）

Profile

株式会社アフロディーテ　代表取締役

恋愛・性教育のテクニックを伝えるラブアドバイザー Lita。元吉原の高級店 No.1 嬢。虜にした男性は 4000 人に登り、リピート率は驚異の 85% 以上を誇る。また、様々な店舗でも No.1 の実績を残す。海外への語学留学の際にも実績を残し、世界を股にかけながら水商売業界で 7 年間活躍。その後引退し、しばらくはグラフィックデザイナーとして活動。セクシャルに改めて向き合い現職に辿り着き、現在は女性起業家として活躍するかたわら、二児の母として仕事と育児を両立させている。

message

成功のカギは
「ひたすらに楽しむこと」

p 364

ファッションと性の狭間で

デザイナーになりたくて上京

１９９２年福岡県福岡市出身。両親の仕事の関係で、幼い頃から海外と日本を行き来する生活の中で育ったため、さまざまな文化に触れる機会が多く、感性が養われたのでしょう。幼少の頃から絵を描くことが大好きで、小学生の頃にはデザイナーになるという夢を抱いていました。

高校生の頃は2つの部活動に所属し、飲食店でのアルバイトを3つ掛け持ち。多忙な日々を送っていました。この頃から、将来は上京してファッションやデザインに携わりたいという思いを抱くようになり、夏休みなどを利用して東京を訪れる機会が増えました。

セックスワーカーの世界に足を踏み入れたのは18歳の時。

当時はファッションの専門学校に通い始めて学費や生活費が必要で、人生を上手く乗り越えるためのツールとして利用していました。

専門学校卒業後は、独学で学んで身につけたグラフィックデザインの仕事をしたり、ファッションブランドのインターンや東京コレクションのヘルパーをする日々を過ごしていました。

この頃はまだファッションの世界に携わりたいという想いが強く、イギリスのアート系の大学への入学を目指していました。その入学費用や学費を工面する必要があり、以前より本格的にセックスワーカーとして働き始めます。

1年で高級店No.1嬢に

そんなとき、あるきっかけで性業界の講師と出会い、この世界のことを深く知ることになります。その出会いによって、本腰を入れて水商売で働くことを決意。

１年足らずで吉原高級店Ｎｏ．１の座につきます。お店の予約は３ヶ月待ち、指名は全てリピートのお客様で埋まっていました。

その後、海外留学という夢を叶え、イギリスのロンドンへ。

ヨーロッパで初めてＳＭなどのフェティッシュの世界に触れ、世界のセックスワーカーの実態を知ることになります。

語学留学を終えて帰国してからは、セックスワーカーとして働きながら、知見を養うために世界中を旅行。東京とイギリス間を行き来し、イギリスのアート系大学でレッスンも受講していました。

※フェティッシュ（フランス語）…日本語では「フェチ」という略語で知られている

引退と結婚と出産と

２５歳の時、金融の世界に興味を持ち、業界を引退。

資産運用について学びながら様々な投資を経験し、趣味で続けていたグラフィックデザインを行ったり、現在の夫が代表を務める会社の経理からデザイン・イベント企画部に所属したりとマルチに活躍。27歳で結婚、第一子出産、翌年に第二子を出産し、ママとなりました。

そして、メイクラブ伝道師へ

現在は二児の母として仕事と育児を両立させ、夫婦円満な家庭を築き充実した日々を送っています。仕事は恋愛・セックスを専門としたラブアドバイザー、色っぽBODYメイクのパーソナルジムトレーナーをしております。この仕事を始めたきっかけは、第二子妊娠中に性教育にまつわるセミナーを立て続けに開催したことでした。

2020年11月には、性教育専門事業「株式会社アフロディーテ」を設立。アフロディーテはギリシャ神話に登場する愛と美を司る女神からとりました。翌年2021年1月、成人男女に向けた性的同意の新しい性教育の定期セミナー「プロが教える性教育の新・セックス学講座」を開催。今後は社会進出を伴い、同年１２月頃に弊社の大きなプロジェクト企画として、性的欲求・魅力の活性化とコンプレックスを改善する性教育版パーソナルトレーニングジムを創設するため現在準備中です。

性教育版ライザップ!?

私の会社の事業は、いわば性教育のプラットフォーム。今まではセミナーコンサルティング事業を中心としておりましたが、２０２１年今冬から性教育と筋トレを掛け合わせた完全予約制のトレーニングジムのサービスを開始いたします。サービス内容は、主にカウンセリング&筋トレを中心に、トレーナーとベッドテクニック、それぞれのプロフェッショナルが集まり、男女ともに様々なコンプレックスを解消するためのコースがあります。

・ED、遅漏改善の筋トレーニング
・色っぽBODYメイクトレーニング
・膣トレ（骨盤底筋）ダイエット
・夫婦、カップルカウンセリング

また、ジムの経営とは別に定期セミナーやブログ、YouTubeも更新中です。
・ブログ「夫婦のための保健室」
・YouTubeチャンネル「ラブアドバイザーLｉｔａ」

セミナーやトレーニングで教えている内容は
・性的同意の取り方
・パートナーとの円滑なコミュニーションや愛情表現の仕方
・性コンプレックスの種類別による解消方法
・セックスレスが起こる原因分析や解消方法
・膣トレ（骨盤底筋）ダイエット
・「夫モテＢＯＤＹ」になるためのボディメイク＆ベッドテクニック
・性倫理や避妊知識、性病知識など

ターゲットは二児の母である経験を生かし、セックスレスの既婚者女性を対象としています。

セックスワーカーという仕事

セックスワーカーへの誇り

世間からどう見られようと、私はセックスワーカーの仕事に対して誇りを持っています。以前から仕事について周りに包み隠さず話していたため、数多くの友人から性に関する相談を受けてきました。そして、人にはなかなか言えない「性」についての悩みを相談できる場があまりにも少ないことを痛感しました。

現在、コロナウイルスの影響により、日本の性教育の実態がより露わになりましたが、性の悩みは本当に人それぞれ。

性行為において「NO」とはっきり言えずカンタンに身体を許してしまう性的同意の問題から、体や性器のコンプレックスの問題、避妊の失敗や性病の問題など多岐にわたります。

そんな中で、多くの方がそれぞれのコンプレックスに合わせた性相談ができる場を増やしたい、今すでにある相談の場についての情報を広げていきたいという想いを抱きました。

私自身が世間の中で、性のエンターテイナーとなりメディアに露出することで、とことん面白く突き抜けた学んで楽しい性教育を伝えたいと考えました。

性的接触を行う機会が多い若者層に対しては特にそうで、**性教育＝シリアスなイメージを払拭し、学んで楽しくなるような「シェアしたくなる性教育」を目指しています。**

また、セックスワーカーとしての7年の経験をもとに、セックスに対する正しい知識を普及させることで、不測の事態の防止にも貢献できるはず。**現在の日本社会において山積みとなっている性差別や性暴力、望まれない妊娠や女性の貧困問題などの課題に対して一助となればと思います。**

きっかけ① 性産業の魅力に惹かれた

ラブアドバイザーとしての仕事をするきっかけは二つありました。
まず一つ目は、性業界の魅力に惹かれたことです。６年前イギリスに滞在し始めたときのことです。入学準備中だった私は、ブリティッシュパブで出会ったイギリス人の友人達と飲みに出かけることになりました。

普段は必要最低限しかキャッシュを持たないようにしているのですが、その日はたまたま新しく入居する家の数ヶ月分の家賃を財布に入れていました。

パブはドイツ人観光客の団体で賑わっていて、友人と話しかけて仲良くなり、ビールの飲み比べゲームをしていたのですが、ビールを受け取るその隙になんとも鮮やかな手口でスリにあい、財布が盗まれてしまったのです。

キャッシュもカードも全滅。残金２万５０００円となってしまった私は、残り半年をどう過ごすか考え、「エスコートガール」といういわゆるデリバリーヘルスとして働くことを決意しました。約半年ロンドンでエスコートガールをして、日本のセックスワークで培ったテクニックはエンターテイメント性があり、世界に通用するということを知ります。

同時に、ヨーロッパの性の文化、特にフェティッシュの世界に触れたことで、ますます世界のセックスワーカーの実態や性業界により強く惹かれ始めたのでした。

※今思えば危険もいっぱいで簡単に勧めることはおすすめ致しません。

きっかけ②　私にしかできない仕事がある

ラブアドバイザーの仕事を始めた二つ目のきっかけは、自分の中にある「性」と改めて向き合ったことです。２５歳で金融業界に興味を持ち、資産運用の勉強をしていたときのこと。セックスワーカー業界を引退し、「接客」という、性風俗とはまた違った営業をしていたのですが、これが上手くいっていませんでした。

会社の歯車として自身の個性を押し殺してしまう環境が苦で、鬱を2年経験することになります。そんなとき、知人の紹介で体験したスピリチュアルコーチングを受け、過去の自分、そして自分の中にある「性」と改めて向き合うことになります。

自分と向き合えば向き合うほど、私にとって「性」は切っても切り離せない存在であることがわかったのです。そして「今の自分に何ができるか」「私にしかできないことは何か」を考えたとき、恋愛にとって欠かせないエッセンスであるセックスのテクニックを伝授していきたい、セックスワーカーとしての7年間の様々な経験を生かし、オリジナルの視点で性教育を伝えていきたい、と思ったのです。

p 374

性業界における私の役割とは

私は自分の中にある女性の部分や性をないがしろにしたことで、人には言えない辛い経験を重ねてきました。そんな経験や知識をより多くの人にシェアすることで、性に関して傷ついた人の心を少しでも癒したり、できるだけ多くの人が同じ経験をしないようにする手助けができるのではないかと思っています。

私ができるのは、セックスワーカーとしての経験と実践から得たものを皆さんにシェアすることだけ。話せることは、性に関わるほんの一部に過ぎません。

それこそ病気に関しては、産婦人科医や泌尿器科医といった専門家による正しいアドバイスや処置を受けなければなりません。ただ、性業界で繋がった人脈を生かし、より多くの方にそういった専門家の方々がいること、相談できる場があることを伝えることはできます。私はラブアドバイザーとして、性業界の方と実際に悩みを抱えた方が繋がるパイプ役になれればと思っています。

すべての原因は「性」にある

人間の三大欲求である食欲・睡眠欲・性欲のうち、食欲と睡眠欲は一人で満たすことができますが、性欲は唯一、他人が介在することで多くを得られるものです。心持ちや行動ひとつで相手を幸せにも不幸にもできる複雑なものでもあります。

「無知」がゆえに、相手を傷つけることもあります。**私は、理想の自分や恋愛、そして大切なパートナーや豊かな夫婦生活を手に入れる秘訣はすべて「性」に向き合うことにあると考えています。**たとえば、恋愛がうまくいかない、性行為が楽しめない理由には、自分自身と向き合えていなかったり、性行為についての知識が不足していることが考えられます。また、性行為において簡単に心を許してしまったり依存しやすい理由としては、「子どもの頃に傷ついた自分」が関係していることが大きいです。

どうして不幸な恋愛や性行為を繰り返してしまうのか。望まない妊娠、中絶を繰り返してしまうのか。その根本的な原因は、全て自己肯定感に関わっているからです。

「性」**には性行為という意味だけでなく、生まれながらにして持っているジェンダーも含みます**。人は誰しもが女性性や男性性を併せ持っています。

「女性だから」「男性だから」という言葉は、あくまで他人が押しつけるものにすぎません。自身の「性」を正しく理解することは、自分の軸を作っていくきっかけにもなります。「性」について正面からきちんと受け止めるためにも、**他人と自分との違いを認識し、語り合い、共有することが大切**なのです。

座右の銘は「性は己を知る近道」

性とセックスは「**人生の主人公を自分に取り戻す**」**手段のひとつであり、重要なライフスキル**です。そして、性教育とは「他の誰とも違う自分」を教えることです。

私が実施しているメイクラブセミナーは、自分の性行為というものを再認識させる場であり、そういった悩みの根本を解決する情報を提供する場です。

「性」としっかり向き合えたら、幸せな恋愛が成就し、「性」を楽しみながら仕事を成功へと導くことができます。

「性」を通して「己」を理解し、納得できる人生を多くの人に歩んでほしい。だからこそ、自分の経験を生かして知識を伝え続けていくことが私の使命だと感じています。

心から楽しめることを！

私は、仕事にしてもセクシャルにしても、常にクリエイティブな感覚を持ち続け、自分のインスピレーションに従って行動することを大切にしています。**何かを決断するときは決まって「自分が心から楽しめるかどうか」を軸に物事をスタート**させます。

また、「性」は自分で選び取るものですから、世間や周囲の言葉に振り回されず、ありのままの自分でいられる居場所を常に求めています。

さらには、「恋愛」や「性」を伝授する仕事をしているため、自分の中に「愛の哲学」をたくさん蓄積しておくことも重視しています。

これから起業をめざす方へ

恋愛や結婚のパートナーは自身が起業する上でとても重要になってきます。自分の中に今まで蓄積された「性」に関する知識や行為と向き合わないまま、伴侶を迎えるとトラブルに直面することもあります。「性」と向き合うことは自分と向き合う一つのきっかけに過ぎません。起業してもなお輝き続けるためには、今までのご自身の性体験の中から自分を見つめ直し、傷を癒やして、自分をどう満たしてあげられるかを知ることがとても重要です。

いつも何が自分にとって一番心地いいか、どうしたらありのままの自分でいられるのかという視点で仕事も恋愛のパートナーも選ぶとスムーズに物事が進みます。

お子さんがいらっしゃり起業を考えている方に、伝えたいことがあります。

周囲の言葉や社会の既成概念にとらわれず、自分の好きなことを自由に追求し続けてください。

私は、二児の「母親」という新たなペルソナをもつことで、「母親だから」という言葉に押しつぶされそうになったときがありました。一方で私の母は仕事で世界中を飛び回っていましたが、それを私自身が不幸だと感じたことも寂しいと感じたこともあまりなく、母を尊敬しています。子どもの将来ももちろん大切ですが、ご自身の将来についても多くの可能性があることを知ってほしいです。起業するきっかけはどのようなことでもいいと思います。

自分と向き合えるきっかけを踏み台にして、一歩前に進んでみてください。自分に合う仕事がないのならば、クリエイトしてしまえばいいんです。私がセックスワーカーとしての経験を生かしているように、**今はどんな「経験」も「好き」も仕事にできる時代。**起業家としての成功のカギは「**ひたすらに楽しむこと**」ですよ。

Ｌｉｔａさんの
ご連絡はコチラ

あなたを変える物語との出会い

あとがき

本書を最後まで読んでくださり、ありがとうございました。１９名の著者との「出会い」はいかがでしたでしょうか？

人生は十人十色です。どの人生も美しく、尊いものです。誰かのようになる必要はなく、あなた自身になればいいのです。けれども、頭ではそれがわかっていても、「今」を変え、人生を変えていくことはそんなに簡単ではありません。

なぜなら、**変化には何らかの犠牲が伴う可能性があるから**です。お金・時間・人間関係・仕事や家庭の環境など、影響は様々です。新しいことへの挑戦には、不安も感じるでしょう。これから先、どうなるかは誰にも分かりません。

確かなのは、どんな時でも勇気を振り絞って一歩踏み出す人と、言い訳を探してやる前から諦めて行動しない人とでは、全く違う人生を歩むということです。

あなたの人生を輝かせるための一歩を踏み出してほしいのです。最初の一歩目はどんなことでも構いません。考え方や働き方に共感した著者へダイレクトメッセージを送ったり、本書のワークを行って、書き込んだ内容を行動に移すのも素晴らしい一歩になるでしょう。

最もおすすめ出来ないこともあります。それは、**この本を閉じて「何も行動しない」**ことです。人は、自ら体験したことでしか変われません。知識を得ることと経験を得ることの差はとても大きいのです。どうぞ、あなたも一歩踏み出してみてください。

１９名の女性たちは、今日も前を向いて挑戦し続けています。だから、大丈夫。あなたは一人ではありません。今日のあなたの行動が、未来のあなたを輝かせるのです。あなた自身が望む、輝く女性になりにいきましょう。

Ｒａｓｈｉｓａ出版（ラシサ出版）編集部

p 383

今の自分に自信を付けよう

自分の固定概念を取り払う19のチャレンジ

□ 本屋さんで
知らない本を
手にとってみる

□ 普段買わない
野菜を
買ってみる

□ 前から知っているのに
行ったことがない
お店に行ってみる

□ 普段着ない服や小物を
ファッションに
取り入れてみる

□ 好きじゃない色の
靴下を買う

□ 家の外で
考え事をしてみる

□ 部屋に
お花を飾る

□ 持っていない色の
リップやアイシャドウに
挑戦する

□ 何年も連絡を
取っていない人に
連絡してみる

□
した事のない
髪型 or 髪色に
挑戦する

□ 新しい家具や
雑貨を買う

□
家族や身近な人と
普段話さない話題で
話してみる

□
テンションの
上がる下着を買う

□ 知らない駅で
降りてみる

□
思いついた人に
手紙を書く

□
嫌いなもの・ことを
思い浮かべて
なぜ嫌いなのかを
考える

□
1人の時間を
つくる

□
新しいことに
トライした自分を
褒めてあげる

□
自分の今・未来の
ことを書く
ノートをつくる

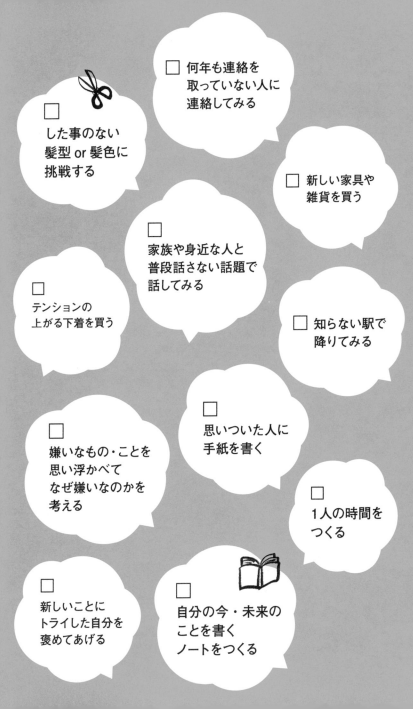

自分の人生を具体的にプランニングしよう

人生設計シート

例：やりたい事は○○だと気付いた。○○をして生きて行きたい。○○をやることで幸せになりたい。

今の気持ちを
書いておこう

記入日：

①が書けたら、数字の順にマスを埋めて
理想のライフプランを具体化しよう。

1

例：専門的なスキルを身につける。そのために学校へ行く。今の仕事を半年後までに退職する。

なりたい自分になるために
やるべき事を書きだそう

箇条書きで、具体的に書きだそう。
いつまでに何をして
どんな自分になっているのかを
明確にしよう。

4

現在の自分

どんな老後を過ごしたいかイメージしよう

自分の人生は最高！
と言える姿はどんな自分なのか
イメージしてみよう。

2

例：孫に囲まれてのんびりと過ごす。定期的に仕事の仲間だった人達と会って刺激をもらう。

自分が満足出来る状態はどんな状態かイメージしよう

自分の幸せな状態を
具体的に書き出してみよう。
誰とどんなことをして
何が生き甲斐なのか書いてみよう。

5

例：55歳で仕事を辞めて、海の見える家に引っ越す。

自分のなりたい姿を具体的に書いてみよう

目標期限：

いつまでにそうなるのか
決めよう

3

例：月に30万円在宅で稼げるようになる。好きな仕事だけで生活出来るようになる。

未来の自分 ← 数年後の自分

もっと輝きたい女性へ

私らしく生きる19の方法

2021年7月26日 初版第1刷発行

著 者 Rashisa出版（編）

石原景子・岩澤あゆみ・裏門春菜・河本喜子・如月香未・北小路美紀・坂寄愛里・佐藤志穂・茂森才理・そらいなおみ・武田規公美・長尾永子・ぷうか・御園シュリ・michiko・南井政子・本田智見・八尾ちなみ・Lita

発行者 Greenman

編集者 Greenman

ライター 檜垣 葵・山本 なつみ

装丁デザイン 三森 健太

本文デザイン 兼松 エリ

発行所 Rashisa出版（Team Power Creators株式会社内）
〒558-0013 大阪府大阪市住吉区我孫子東 2-10-9-4F
TEL：080-5330-1799

発 売 株式会社メディアパル（共同出版者・流通責任者）
〒162-8710 東京都新宿区東五軒町 6-24
TEL：03-5261-1171

印刷・製本所 株式会社堀内印刷所

ISBN 978-4-8021-3265-7 C0034